자신 있게 살자!

마음으로 읽는 중용

가장 인간적인 사상

이종인 편저

明文堂

머리말

························•◦•◦•◦•························

나이 들어 시골에서 텃밭을 가꾸며 세월을 보내게 되니, 한가한 시간이 많아서 지난날을 되새겨보고, 살아온 일생을 나름대로 평가하곤 한다. 그래도 시간이 많아 뜻 없이 세월을 보내기보다는 고전을 읽는 것이 좋을 것이라 여기고, 논어, 성경, 금강경 등을 읽기 시작하였다.

어떤 경전은 양이 너무 많아 읽기가 힘들고, 어떤 경전은 논리가 비약하여 이해하고 받아들이기가 어려웠다. 분량이 많은 것은 성경이고, 논리를 이해하기 어려운 것이 금강경 등 불경이었다. 그러나 논어 등 유교 경전은 양도 그렇게 많지 않고 논리적 비약도 크게 없으므로, 한번 읽는 데 긴 시간이 들지 않고 그 깊은 뜻을 완전히 알기는 힘들지만, 그 맛을 조금 느끼는 것 같았다. 특히 중용은 한번 읽는 데 반 시간쯤 들 뿐이라 거듭 읽게 되었다.

그런데 읽을 때마다 그 맛이 다르고, 깊은 참뜻에 한 발자국씩 다가

가는 것을 느꼈다. 자연히 중용을 번역, 해설한 여러 책을 읽게 되었고, 책마다 번역이 다르고 해설에 차이가 있는 것을 알게 되었다. 어떤 것은 유가사상을 제대로 이해하지 못하고 글자 그대로 번역하였고, 어떤 것은 너무 확대하여 해석한 것이 있으며, 이해를 돕기 위해 든 사례가 적합하지 않은 것도 있었다.

모두 전공한 분들이 하신 것이니 다르게 해석한다는 것이 처음에는 부담스러웠다. 거듭 읽고, 깊이 생각할수록 중용의 참뜻을 제대로 전달하지 못한 것 같이 보였다. 가장 차이가 나는 것은 아랫사람이 무조건 윗사람을 섬겨야 한다는 것이 아니라 오히려 아랫사람이 믿고 따를 수 있게 윗사람이 먼저 바르고 옳게 행동하여야 한다는 점이다. 또 사람이 이기적인 것은 나쁘다고 하였으나, 사람이 이기적인 것은 자연스러운 것이고, 합당하게 얻은 것은 인정하되, 베풀면 베풀수록 더 큰 것을 얻을 수 있으므로 중용을 반드시 행하여야 한다는 것이다.

여러 관점에서 의견을 달리함에 따라 전공하지 않은 사람들도 읽고, 큰 어려움 없이 이해할 수 있는 간단한 번역과 해설서를 만들어보자고 작정하고 일을 시작하였다. 일이 진행되면서, 저 자신도 좁은 우물에 빠져 있을 수 있다는 생각이 들었고, 스스로 앞뒤가 모순되는 것이 있다는 것을 알게 되었다. 이 문제를 해결하는 데 많은 시간이 걸렸다. 이런 모순을 "자연은 위대하고, 자연에서는 만물이 자연법칙에 따라 행동하고, 그 결과로 조화로운 자연이 되듯이, 사람 사는 세상에도 사람이 사람다운 도리에 따라 행동하면, 함께 어울려 사는 좋은 세상이 될 수 있다."라는 관점에서 풀었다.

저 역시 우물에 빠져 보이는 것만 보아 세상을 제대로 보지 못하는 잘못을 저지를 수 있다고 생각하고, 앞으로 바르고 참된 경지에 한 걸음씩 다가가도록 계속 노력하려고 하고 있다. 여러분의 깊고 높은 의견은 중용의 뜻을 심화시키는 데 큰 힘이 될 것이니 많은 응원이 있기를 바랍니다.

2024. 2. 19 우수

● 이 책은 한자나 한문을 잘 알지 못하는 독자를 염두에 두고 만들었다. 우선 이 책을 읽고 유가사상에 관심을 가지게 되어 깊이 있게 알고자 하면, 한문을 배워야 하고, 그리하면 중용의 의미를 더 깊게 알게 될 것이다.

● 전공자가 아닌 일반인을 위한 교양서로 만들었으므로, 중용 원문을 해석하는 데 여러 학설이 있으나, 어느 학설이 타당하다는 그런 논증은 하지 않고, 나름대로 가장 타당하다고 여겨지는 것을 택하여 해석하였다.

● 일상에서 널리 사용되지만 그 의미가 사람마다 다른 단어가 있고, 또 그 단어의 의미가 너무 넓고 깊어, 우리말로 간단히 번역하기가 어려운 단어들이 많이 있다. 이런 것은 그대로 사용하였고 다만 간단한 주석만 하였다. 이 책을 거듭 읽으면 나름대로 그 의미를 알게 될 것이다. 중용中庸, 중화中和, 천天, 천명天命, 도道, 성性, 인仁, 의義, 예禮, 지知, 군자君子, 성聖, 성誠 등이 이런 단어들이다.

● 한문에는 미래, 가정, 피동 등이 명확히 나타나지 않고, 문장을 다 읽거나 앞 뒤를 살펴보아야 알 수 있는 곳이 많다. 이런 곳은 가능한 한 우리말에 맞게 하였다.

● 한문에는 대구對句, 이중부정二重否定 등의 표현이 많이 있다. 가능한 한 그 대로 하되 우리말에 맞게 하는 것이 알아듣기 쉬운 곳은 우리말에 맞게 했 다. 예를 들면, "그렇게 아니하는 사람이 없다."를 "모든 사람이 그렇게 한 다."로 하였다.

● 중용은 읽을 때마다 그 의미가 깊어지는 것 같다. 해석을 읽다가 더 깊은 의 미를 느껴보자면 원문을 읽는 것이 좋다. 한문에 토를 달아 읽다가 암송하 게 되면, 암송할 때마다 중용의 의미가 더 깊어질 것이다. 그렇게 되면 중용 은 일상에서 되새겨보는 좋은 경전이 될 것이다.

● 중용을 읽기에 앞서 유가사상을 대략이나마 아는 것이, 중용을 이해하는 데 도움이 될 것이다. 그리하여 유학과 다른 사상과 종교를 비교하는 간단한 글을 앞에 실었다.

∞ 차례 ∞

중용

제1편 중화中和 세상

제2편 중용中庸의 도道

유학,
가장 인간적인 사상

1. 전통사상에 대한 새로운 시각이 필요하다!

  유교하면, 고리타분하고, 지금의 현실에는 맞지 않는 사상이라고 비판하고 멀리하려고 한다. 정말 그런가? 아무 가치 없는 사상일까?

  조선은 건국 초기 유교사상에 근거하여 백성이 잘 살아가도록 많은 개혁을 하였지만, 중기 이후로는 유교 본래의 정신보다는 백성을 억압하기 위한 수단으로 활용한 면이 없다고 할 수 없으며, 집권 세력은 신하는 임금을 무조건 섬겨야 하고, 자식은 자기를 희생하더라도 부모를 섬겨야 하고, 아랫사람은 윗사람을 절대 따라야 한다는 등 논리를 내세워 권력을 계속 장악하고자 하였다. 결국 임진왜란이나 병자호란과 같은 전란을 당하였고, 결국에는 나라를 잃고 말았다.

　유교가 비록 나라와 백성을 끝까지 구하지는 못하였지만, 그 사상은 조선사회에 깊이 뿌리박고 있어서, 해방 이후 지금까지 그 흔적이 우리 생활 곳곳에 남아 있다. 아직도 여전히 희미하게나마 그 흔적이 곳곳에 남아 있다. 그러나 산업화, 도시화가 더욱 심하여지고 전통적인 가족제도가 무너지면서 근래에는 각종 관행이나 관습이 급격히 변하고 있다. 제사를 지내는 등 과거 풍습이 그런대로 남아있는데, 그것에 따르지 않으면 마음에 부담이 되어 마음이 썩 내키지 않지만 제사를 지내고, 자식에게 요구하지 못하지만 부모에게 효도해야 한다는 생각은 가지고 있다. 최근에는 제사만이 아니라 장례, 결혼 등 의식과 제도에도 큰 변화가 일어나고 있고, 부모를 봉양한다는 것은 딴 세상에 있었던 일로 여긴다. 한두 세대 안에서 이런 급격한 변화가 일어나니, 과거의 관습과 생각에 젖어 있는 장년층은 이렇게 해도 되는지, 이렇게 하여도 가족이 지켜지고 사람이 살 만한 사회가 될 것인지 의심하거나 걱정하고, 젊은 층은 바뀐 대로 살아도 아무런 문제가 없는 것을 보면, 과거에는 너무 허례허식에 얽매어 사람을 고생시키고 낭비한 것이 아닌가? 하는 생각을 가진다. 정말 과거의 제도가 허례허식에 빠진 쓸데없는 제도인지 한번 되새겨 볼 필요가 있다.

현재 우리 사회가 새로운 문제에 당면하고 있다. 가족의 집단 자살, 노인의 외로운 죽음, 출산율의 급격한 저하로 인한 인구 감소, 아무 이유 없이 모르는 사람을 죽이는 것, 보험금을 타기 위하여 심지어 가족이나 아는 사람을 죽이는 것, 청년들의 고독감과 사회성 결여 등 이런 문제는 왜 생겨났으며, 현재의 사회 통념이나 생각하는 방법으로 해결할 수 있을까? 하는 의심이 든다. 새로운 문제가 일어나면, 그 시대를 살아가는 사람들이 현명하게 해결할 것이니, 그런 쓸데없는 걱정은 그만두라고 하는 말도 있지만, 잘 살았던 아르헨티나, 베네수엘라 등이 후진국으로 떨어진 것을 보니 걱정하지 않을 수 없다.

우리 사회가 부딪히고 있는 문제에 대한 해결 방법을 찾기 위하여 우리의 전통사상이나 종교를 한번 되새겨볼 필요가 있다고 본다. 현재까지 남아 있는 가족제도, 각종 의식은 유교에서 유래한 것이 많으니, 그에 비추어 하나의 문제 해결 대안을 찾아보는 것도 의미 없는 일은 아닐 것이다.

아직 그 잔재가 남아 있는 유교가 이렇게 무시를 당하는 데는 시대의 변화에 따라 각종 관행과 제도를 개선하지 않은 유학계와 물질적 풍부한 삶 못지않게 정신적인 삶이 중요하다는 것을, 먼저 모범을 보여 사회를 바람직한 방향으로 이끌어 나가야 하는 정치가나 지도자들의 책임이 크다고 하겠다.

유교의 근본정신에는 백성이 편히 먹고 살아가게 하는 것이 가장 큰 덕목인데, 정치인들이 그렇게 하려고 하였는가? 사회가 기강이 서고 정의롭게 되기 위하여 사회 지도자나 정치인들의 역할이 크고 중요한데, 구호로만 국민을 위한다고 하고, 뒤로는 자신들의 잇속을 챙기기에 바쁜 것은 아닌지? 미래를 내다보고 나라를 다스리고 사회를 이끈 것이 아니라 당장 안이함이나 작은 혜택을 주고 일반 서민들을 현혹하고 있는 것은 아닌지 한번 생각해 보아야 할 것이다.

유교에서는 임금이나 고위 관리가 책임감과 윤리 의식을 가지고 제대로 나라를 다스리면, 백성들은 나라나 임금과 윗사람을 믿고 따름으로 정치는 저절로 잘된다고 하며 임금이나 고위 관리의 중요성을 강조하였다. 그러나 우리가 알고 있는 유교사상은 임금보다는 신하, 아버지보다는 아들, 지아비보다는 아내, 형보다는 아우, 나이 든 사람보다는 젊은 사람에게 도덕적 의무를 강조한 것으로 보인다. 이런 의심과 불만이 있으므로 유교의 근본 취지와 달리 정반대의 현상이 일어났다. 유교에 대하여 다시 살펴보고, 진정한 유교의 근본정신을 가지고 우리가 당면한 문제를 풀 수 없는지 분석하여 볼 필요가 있다고 생각한다.

우리의 전통사상을 유교라고 하지만, 유교도 시대에 따라 중요하다고 생각하거나 강조한 것이 변하였다. 유교를 제창한 공자는 중국 주나라의 춘추시대(B.C. 770~B.C. 403)에 살았던 사상가이다. 춘추시대는 주나라의 통치체제가 거의 무너지고, 주나라가 각 지역에 봉한 제후는 주나라 왕실과 공신들의 후손이었으나 긴 세월이 지나니 그들 간의 친밀감은 멀어지고 자기 세력을 키우기 위한 다툼이 심해졌다. 즉 나라나 자신을 지키기 위한 제후들 간의 세력 다툼이 시작한 시기였다. 신하가 임금을 죽이고, 아들이 아버지로부터 권력을 빼앗는 무례한 일이 빈번히 일어났고, 제후들 간의 전쟁이 끊임없이 일어나 백성들의 비참한 생활은 말할 수 없는 지경이었고, 장기간의 전쟁으로 식량 생산은 줄어 백성들은 먹고사는 것이 큰 문제가 되었고, 사람의 생명은 하루 앞도 내다볼 수 없는 실정이었다. 공자는 이런 시대 참상을 보고, 주나라 초기의 안정되고 기강이 쓴 시대를 동경하며, 그런 사회가 되기 위하여 사람들이, 즉 임금부터 아래 서민까지 하여야 할 도리를 주장하였다. 특히 임금이나 제후 등 통치자의 중요성을 강조하고 그들이 하여야 할 행위 규범을 주장하였다.

이 시대에는 공자 이외에도 시대가 당면한 문제를 해결하려는 많은 주장이나 학설이 있었으며, 이들을 제자백가諸子百家라 하였다. 공자는 성군聖君에 의한 덕치를 주장하였고, 공자의 주장을 따르는 학파를 유가儒家라 하였다. 유가 이외에도 여러 학파가 있었으며, 인위적인 통치보다는 무위無爲의 정치가 좋다고 하는 도가道家, 법을 엄격히 집행하여야 한다는 법가法家, 나라를 방어하려면 군사를 기르고 잘 운영하여야 한다는 병가兵家, 강한 나라에 대응하기 위하여 여러 나라가 힘을 합쳐야 한다는 종횡가縱橫家 등이 있었고, 자연의 이치를 탐구하는 음양가陰陽家, 말과 글을 논리적으로 하여야 한다는 명가明家, 농사의 중요성을 말하고 농사 기술을 연구한 농가農家 등이 있었다. 이 시대는 정치는 혼란스러웠으나 사상은 활짝 피기 시작하였다.

이런 여러 사상이 시대의 흐름에 따라 발전하기도 하고 사라지기도 하였다. 그러나 유가는 한나라 무제(B.C. 156~B.C. 87) 때 통치 이념을 뒷받침하는 관학官學이 되었으나 불교가 도입되어 성행한 수나라와 당나라 시대는 그 세력이 약해졌고, 불교의 영향으로 유가사상, 즉 유학이 유교가 되었다. 송나라 때는 자기 것을 찾아서 발전시키자는 사상적 흐름에 따라 유가사상이 다시 일어나기 시작하였고, 불교의 사상을 본받아 논리적, 사변적으로 발전하여 신유학, 주자학, 성리학으로 불리면서 지식층에 널리 퍼졌다.

우리나라는 "논어" 등 유교 경전이 삼국시대에 수입되었지만,

사상으로 생활에 깊이 영향을 미치기 시작한 것은 송으로부터 주자학이 수입된 고려 말엽이다. 고려를 물리치고 조선을 세운 새로운 정치 세력은 주자학을 통치 이념으로 채택하고, 각종 문물 제도를 그 이론에 따라 새로 제정하였다. 한양 도성의 설계, 궁궐의 배치, 각 건물의 명칭도 주자학에 근거하였으며, 각종 제도는 그 이념을 실현하는 방법으로 구체화되었다. 그러나 새로운 정치 세력이 기득권 세력으로 변함에 따라 주자학의 이론이 백성을 잘살게 하는 방향으로 활용되지 않고, 장악한 권력을 지속시키는 근거로 원용되거나, 백성들을 억압하거나 착취하는 수단의 이론으로 악용되었다. 주자학을 연구하는 학자들은 인간의 본성, 도덕의 근본원리, 심적 작용 등 너무 궁극적인 것을 추구하여 서민들과는 거리가 먼 사상이 되었고, 그 형식만을 백성들에게 강요하였다. 사람이 사람으로 대접받으려면, 사람의 도리를 다하여야 한다고 하며, 상례, 제사 등 형식을 중요시하고 실천하도록 강요하였다.

정말 초기 유가사상, 추상적이고 사변적이어서 그것을 배우지 않은 사람에게는 이해하기 어렵고, 아랫사람인 서민, 신하들에게 의무만 강요하는 사상일까? 우리나라에 도입된 이후, 조선의 500년 동안 주된 사상의 자리를 차지한 사상이 이렇게 가치 없는 사상일까? 여기서는 주자학, 성리학으로 불러진 사변적인 유학을 되새겨보자는 것이 아니고, 초기의 유가사상을 공자의 말씀과 초기 경전을 통해 알아보고자 한다. 공자께서 제자들과 함께한 문답을 적어놓은 초기 경전을 읽어서 유가의 근본정신 또는 이론을 알아보고자 한다.

2. 사상이나 종교가 왜 필요한가?

　생명이 있는 것은 모두 자기 생명을 보전하고 후손을 남기려고 하는데, 그렇게 한다는 것이 쉽지 않다. 사자는 먹이를 잡기 위해 힘들게 뛰어야 하고, 먹잇감이 된 동물은 필사적으로 도망을 가거나 피하는 방법을 찾아야 한다. 동물만 아니라 식물도 역시 서로 경쟁한다. 소나무만 있는 숲은 비록 같은 종류의 나무가 자라지만, 햇빛을 많이 받기 위해 경쟁적으로 위로 가지를 뻗치고 있으며, 칡이나 등나무는 다른 나무를 휘휘 감아 올라가 햇빛을 많이 받아 빨리 자라려고 하지만, 감긴 나무는 서서히 죽어간다.

　서로 도우며, 어울려 함께 산다면 잘 살 수 있지만, 사람도 남보다 앞서거나 자기 욕망을 이루기 위해 경쟁을 하여야 하므로 역시 살기가 힘든 것은 마찬가지이다. 게다가 전쟁이나 전염병이 발생하면 더욱더 비참해진다. 사람이 사람답게 살아야 한다는 것을 잊고, 하루하루 생존을 위하여 모든 것을 감수해야 하는 때도 있다. 지금도 참혹한 전쟁이 일어나는 곳이 있고, 가뭄과 홍수로 기아에 허덕이는 지역이 있으며, 질병과 싸우는 사람들이 무수히 많다. 지금 시대만 이런가? 인류가 이 세상에 태어난 이후부터 계속 그렇다고 하겠다.

인류가 남긴 유적을 살펴보면, 사람들이 두려움을 많이 느낀 것 같다. 아직 무생물과 생물, 동물과 식물을 구분할 수 없을 때, 모든 것은 사람과 같이 혼과 몸을 가진 것으로 알고, 힘센 동물이나 거대하고 웅장한 것에 자신들을 지켜줄 것을 빌었다. 그 이후 인류가 점점 지혜가 쌓여감에 따라 사물마다 그 특성이 있다는 것을 알게 되고, 자신을 약한 동물을 제압하는 힘센 동물, 즉 호랑이, 곰, 독수리 등의 자손이면 좋겠다는 생각을 가지고 그것들을 섬겼으며, 이런 행위로 마음의 위로와 평안을 얻고자 하였다.

이때부터 총명하고 남을 설득하는 재주를 가진 사람이 사람들의 두려움을 해결해주는 역할을 하였다. 전지전능한 존재가 있어 그 존재는 사람의 생존에 지대한 영향을 미친다고 믿고, 그 존재에 대하여 의지하거나 그 뜻에 따르고, 그 존재에 선택받거나 은총을 받고자 각종 의식을 행하였다.

인류가 수렵, 채취 생활에서 한곳에 정착하여 농사를 짓고 가축을 기르기 시작하자, 서로 생각이나 경험과 지식을 주고받아 더욱더 지혜와 지식이 쌓이고, 막연히 두렵게 생각하고, 의식을 통해 무조건 빌기만 하였던 것에서 더 위대하고 전지전능한 신이 있다고 여기고 그 신을 믿기 시작했다. 신의 위력과 역할을 상상으로 지어내고, 신의 존재와 능력을 이야기로 남겼다. 신들은 사람에 의하여 지어낸 것이기 때문, 신은 사람과 같이 혼과 형체를 가지고 있지만, 사람의 존재와 달리 사람은 볼 수도 없고 들을 수도 없는 존재라 여겼다. 그러나 신은 어느 때, 어느 곳에나 있고, 모든 것을 알 수 있고, 모든 것을 할 수 있다고 믿었다. 사람들 주위에서 일어나는 모든 현상은 신들의 뜻에 따라 이루어진 것이라고 생각했다.

새로운 사상이나 종교가 나와서 사람들에게 받아들여지기 위해서는 설득력이 있어야 하며, 설득력을 갖추기 위해서는 사상이나 종교가 사람이 알고자 하는 근본 물음에 답하여야 한다. 이 세상은 어떻게 있게 되었으며, 이 세상을 움직이는 힘이나 의지는 무엇이며, 이 세상에 사는 사람은 어떻게 있게 되었고, 어떻게 하여야 한다는 질문에 나름대로 체계를 갖추어 설명하여야 한다.

원시시대에 살았던 사람이든, 과학기술이 발달한 현대에 사는

사람이든, 사람들이 궁금하고 알고자 하는 것들은

　－우리가 사는 세상, 나아가 우주는 어떻게 있게 되었고, 어떻게 변하는가?

　－신은 존재하고, 역할은 무엇이며, 현실에 그 위력은 발휘되고 있는가?

　－사람은 어떤 존재이고, 모든 사람이 바라는 이상세계는 만들 수 있는가? 그런 세상을 만들려면 어떻게 하여야 하는가?

　－사람의 영혼은 있고 영원한가? 사후 세계는 있고, 사람의 영혼은 구제받을 수 있는가? 등이다.

모든 사상이나 종교는 이런 기본적인 물음에 나름대로 답하려고 하였으며, 이들이 한 답에 대하여 비교하여 보는 것은 우리 전통사상을 이해하고 다시 세우는 데 도움이 될 것이다.

3. 우리가 사는 세상은 어떻게 있게 되었는가?

천문학이 발달하고 우주를 보는 천체망원경이 개발되어 깊고 깊은 우주를 보게 됨에 따라 우주를 보는 견해가 크게 변했다. 지금은 우주가 138억 년 전 대폭발, 즉 빅뱅으로 생겨났으며, 지금도 우주는 계속 팽창하고 있다고 한다. 지금의 과학기술에서 보면, 몇 세기 전의 천문학은 유치하다고 하겠으나 지금 수준에 이르기까지 긴 여정을 거처왔다. 코페르니쿠스가 지동설을 주장하고, 갈릴레오가 지동설을 뒷받침하는 새로운 증거를 제시하였으며, 또 달에는 분화구가 있고, 목성에는 위성이 있다는 것을 알게 되어, 이 우주는 신이 창조하여 천상세계는 완전무결하다는 종교의 가르침에 금이 가기 시작하였다. 만물은 신이 만든 것이고, 신의 뜻에 따라 움직이며, 사람도 역시 신의 뜻에 따라 행동하여야 한다는 종교 교리에 의심이 생기기 시작하였다. 우리가 사는 세상과 그 위에 있는 만물에 대하여, 있는 그대로 세밀히 관찰하여 그 원리나 법칙을 알고자 하였다. 이렇게 하여 근대과학이 발달하게 되었고, 천문학, 물리학, 지질학, 생물학, 화학 등이 차례로 발달하게 되었다. 이것들 가운데 가장 발달한 것은 천문학과 물리학이라는 생각이 든다.

천문학이 서양에서 발달하게 된 것은, 유교 문화권에서와 달리 천문 연구에 국가의 통제가 없었기 때문이다. 초기에는 종교 교리와 다른 주장을 하는 천문학자를 교회가 억압하였지만 국가에서는 연구를 방해하지 않았다. 그에 반하여 유교 문화권, 특히 중국에서는 천문에 관한 것은 천자만이 알아야 하는 것이고, 천문을 연구하는 국가기관은 엄격히 통제되고, 그 관찰이나 연구 결과는 천자의 허락이 있어야 밖으로 알려지게 되었다. 천문을 읽어 해와 달의 움직임을 설명하고 예견하는 책력은 천자가 제후국이나 인근 나라에 하사하였다.

근대 이전에는 서양보다 중국이 천문학에 있어서 더 발달하였다고도 할 수 있다. 한 해를 구분하는 것은 태양의 움직임에 따라 구분하는 것이 합리적이고, 태양의 움직임이 농사를 짓는 데 달보다 더 크게 영향을 미치는 것도 알았다. 그래서 태양의 움직임에 따라 하지와 동지를 정하는 등, 24절기를 정하여 농사를 짓는 데 활용하였다. 한 달은 달의 움직임에 따라 정하는 것이 사람들이 이해하기 쉽고, 달을 크기의 변화를 보면, 지금 어느 때가 되었다는 것을 쉽게 알 수 있다. 그러나 일 년을 12달로 나누는 경우, 그 한 달의 길이가 달이 한번 찼다 기우는 기간하고 차이가 있는데, 그것은 윤달을 둠으로 주기적으로 태양과 달의 움직임이 일치하게 하였다.

천문 연구가 자유로워진 유럽에서는 행성의 운동 법칙 등이 차례로 발견되었고, 뉴턴은 광활한 공간에서 달은 지구 주위를 돌고, 지구는 태양 주위를 돌며, 무게가 있는 물체 사이에 인력이 작용하고 있다는 것을 알게 되고, 그것을 명확히 설명하기 위하여 미적분이라는 수학 원리를 발견하였다. 이것이 새로운 과학발전의 계기가 되었고, 수학은 과학발전의 수단이 되었다.

우리가 사는 지구를 포함한 태양계는 50억 년 전에 생겨났고, 지구도 거의 같은 때 함께 생겨났다. 우주는 사람이 상상할 수 없을 정도의 크기이고, 우리가 위대하다고 생각하였던 태양도 밤하늘에 빛나는 작은 별에 불과하다는 것을 안다면, 우주와 비교할 때, 태양계는 티끌보다 작다는 것을, 지구는 그 존재가 정말 미미하다는 것을 알 것이다. 하물며 그 위에 사는 사람은 있다고도 말하기 어려울 정도로 작은 것이다. 그러나 미미한 존재이지만, 사람은 문명이 일어날 때부터 이 세상을 알고자 하였고, 무한한 우주를 상상하고, 그 존재 원리와 움직이는 법칙을 알고자 하였다. 어떤 면에서는, 사람은 비록 보잘것없는 미미한 존재이지만, 우주를 품을 수 있는 위대한 존재라고 할 수 있다.

유일신을 믿는 기독교나 이슬람교에서는 신이 이 세상을, 지금으로 말하면 우주를 창조하였다고 한다. 유일신이 창조한 이 세상은 무한히 크지만, 그 움직임과 변화는 신의 뜻에 따라 이루어진다고 보았다. 기후 변화나 일기의 변동도 신의 뜻이고, 사람이 바라지 않는 현상이 일어나는 것도, 신의 뜻에 따르지 않는 인간을 벌하는 것으로 해석하였다. 사람이 겪는 재해나 재난 등 이런 난관을 해결하기 위해 신을 더욱더 굳게 믿고, 신의 명령에 절대복종할 것을 요구하였다. 유일신을 믿는 종교의 대전제는 신이 이 세상을 창조하였다는 것인데, 이 전제가 진실이면 신의 의지,

인간 존재, 사람이 반드시 하여야 할 행동 등은 일관되어 논리적으로 타당하다고 할 수 있지만 천문학의 발달로 대전제가 흔들리고 있다. 더구나 신의 의지라고 하는 자연 현상들이 과학적으로 설명되고, 그에 따라 앞일을 예측하게 되니, 신의 영역은 점점 줄어들고 있다. 옛날에는 병이 들면 기도를 드리거나 귀신에게 빌거나 굿을 하였지만, 지금은 병원에 가고, 가뭄이 들 때는 기우제를 지내는 것보다 인공적으로 비를 내리게 하는 방법을 연구하여 적용하려고 한다. 물론 기도를 드리고 기우제를 지내는 것이 사람의 마음을 다소 편안하게 하거나 위로하는 심리적 효과까지 전혀 없다고는 할 수 없지만 과학기술의 발달로 신에 대한 믿음의 영역이 과학의 영역으로 많이 바뀌었다.

불교에서는 이 세상은 거의 영원할 정도의 긴 세월 동안 변화, 발전하여 생긴 것이고, 그래서 무한히 크다고 한다. 이 세상은 법칙에 따라 움직이고 변화하지만, 생기고 사라지는 것이 반복되고 윤회한다고 보았다. 이러하니 영원한 실체는 없으며, 모든 것이 무상하다고 한다. 실재가 없다는 것과 윤회한다는 것을 이해하고 받아들이기에 어려움이 있으니, 진리인 부처의 말씀을 듣는 것을 넘어서 깨닫고 절대적으로 믿어야 한다고 한다. 이 세상이 무한히 크고 영원하다는 점에서 다른 사상이나 종교와 비슷하지만, 변화무상하여 실재하는 것이 없다는 것과 모든 것이 굴레에 벗어나지 못하고 윤회한다는 것은, 불교를 믿지 않는 사람에게는 좀처럼 이해하여 받아들이기가 쉽지 않다.

유가에서는 우리가 사는 세상이나 사람을 있는 그대로 보려고 하였다. 이 세상은 작은 것들이 모이고 쌓여 지금과 같이 크게 되었고, 그 속에 만물이 살게 되었다고 하였다. 하늘은 작은 불빛들이, 땅은 한 줌의 흙이, 산은 조그마한 돌들이, 큰 강과 바다는 한 방울의 물이 유구한 기간을 거치면서 쌓여서 된 것이고, 산은 초목이 자라고 짐승이 사는 터가 되었고, 강과 바다는 온갖 수생 생물이 살 수 있는 곳이 되었다고 한다.

공자께서 학단을 열어 새로운 주장을 펼칠 때, 사람들은 신을 믿고, 신이 이 세상을 만들었다는 생각이 널리 받아지고 있었지만, 공자께서는 신에 대한 사람의 믿음을 적극적으로 부정하거나 긍정하지 않았고, 이 세상은 오랜 기간 조그마한 것이 모이고 쌓여서 크고 웅장하게 되었지만, 신에 의하여 창조되었다고는 하지 않았다. 시경에 "하늘이 만물을 만들었네!"라는 시구를 단지 인용하였을 뿐이다. 사람이 사는 곳을 설명할 때, 본 대로 느낀 대로 말하였다고 하겠다. 우리 사는 세상을 이렇게 표현하였다. 하늘이 덮어주는 곳, 땅이 실어주는 곳, 해와 달이 비추는 곳, 이슬과 서리가 내리는 곳, 만물이 생존하는 데 필요한 환경을 말함으로 이 세상을 설명하였고, 대부분 사람도 우리가 사는 주위만 둘러보았을 때, 이 설명에 공감할 것이다.

유가에서도 역시 이 세상의 근원과 변화 원리에 대하여 설명하였다. 다른 점은 온 세상과 만물이 생겼다가 없어지고 하는 등 변화하지만, 모든 변화가 조화롭게 이루어지고 있다는 것을 강조하였다. 모든 것은 서로 영향을 주고받고 있으며, 사람은 사람 사이, 사람과 생물 사이, 사람과 하늘과 땅, 즉 자연과의 사이는 조화로운 관계이며, 그 조화로운 관계를 높이 평가하였다.

지금의 과학 지식에 비추어 보면, 아무런 과학적 근거도 뒷받침되지 않는 주장이라고 하겠지만, 기독교나 불교에 비하여, 이 세상을 우리가 이해할 수 있도록 설명하였다고 하겠다. 기독교가 주장하는 창조론도 아니고, 불교에서 설법하는 윤회와 무상론도 아니며, 자연이 크다는 것도 인정하고, 사람들이 보고 듣는 것도 그 실체가 있다는 것도 전제로 하며, 이들이 모두 일정한 관계를 갖고 움직이거나 변할 때 일정 법칙에 따라야 한다고 하였다. 사람이 사물을 볼 때, 잘못 보거나 보고도 잘못 이해하는 경우가 있을지라도 부정하지 않았으며, 그런 잘못을 없게 하려면, 사사로움에 빠지지 않고 객관적으로 보아야 한다고 하였다.

원시시대에는 하늘은 위대하다고 보았다. 하늘은 해와 달과 별들을 거느리고, 비와 구름을 만들어 내리게 하고, 이슬과 서리를 내리게 하는 등 그 위력은 사람과 만물이 생존하는데 지대한 영향을 미친다고 보아 하늘을 두려워하고 받들어 모셨다. 과학이 발달하지 않은 시대에는 높이 떠있고, 세상을 내려다보는 하늘이 땅 위에 일어나는 모든 일이 일어나도록 한다고 믿는 것은 원시시대의 공통적인 현상이었다.

역시 유가에서도 하늘을 우러러보고 높이 받들었다. 하늘이 만물을 만들었다. 하늘이 만물에 본성을 주었다, 하늘이 사람에게 명을 내린다, 하늘의 명을 어기면 용서받을 곳이 없다, 하늘은 소리도 냄새도 없지만 지극하다 등으로 나타냄으로, 하늘을 다른 종교에서 말하는 신과 같은 존재라고 여겼으나 신의 절대적 존재를 전제로 하는 사상이나 종교와 같이 신을 그렇게 보았다고는 할 수 없을 것이다. 하늘이 이 세상에 미치는 영향이 지대하므로 하늘의 이치를 신의 원리와 같다고 여겼겠지만, 신의 존재를 적극적으로 인정하지도 부정하지도 않았다. 이것은 사람의 지식과 능력에 한계가 있음을 인정하고, 알 수 없는 것, 할 수 없는 것은 신과 같은 전지전능한 존재의 영역으로 남겨두는 겸손한 자세를 나타낸 것이라고 할 수 있다.

사람이 보고 느낀 것도 어느 정도 인정하고, 이 세상도 있는 그 대로 보려고 하였다는 점에서 유가사상은 다른 사상이나 종교보 다 더 인간적이라고 하겠다.

4. 신은 존재하는가?

세계 어느 지역이든 대부분 원시 신앙은 신이 있다고 생각하 고, 그 신을 믿었다. 상상한 신들이 인간과 비슷하게 사랑도 하 고, 시기와 질투도 하고, 다투기도 하는 신으로 설정하든, 아니면 모든 것을 알고 무엇이든지 할 수 있으며 항상 최고의 선만 행하 는 신으로 설정하든, 신은 그 형체가 없지만 어느 곳, 어느 때나 있고 그 위력이 항상 발휘된다고 믿었다.

원시시대 이후 지금까지 신의 존재에 대하여 여러 사상이나 종 교가 답하였지만, 아직 사람들이 쉽게 받아들이고 믿을 수 있는 이론으로 신의 존재를 증명한 사상이나 종교는 없었고 앞으로도 없을 것이다. 왜 신의 존재에 대하여 종교가 나름대로 답을 하려 고 하였느냐 하면, 이 세상의 변화나 인간 세상에 일어나는 모든 사건에 대하여 명확하게 설명할 수 없고, 인간의 능력에도 한계 가 있으므로 그 명확하지 않거나 설명할 수 없는 의문을 설명하고 해석하기 위하여, 사람 이외의 전지전능한 존재를 설정하고, 그의 의지와 능력으로 설명하면 그럴듯하게 보이고, 그런 신은 사람이 의지하고 믿어도 될 만하기 때문이다.

동양에서는 불교와 유교의 영향으로 신의 절대성을 믿는 것이 한때 기독교가 국교로 인정되어 유일신을 믿는 것을 당연시하였던 서양보다는 그 강도가 약하였지만, 민간에서는 대부분 사람이 나름대로 신의 존재를 여전히 믿고 빌었으며, 신을 믿지 않는 사람도 예상하지 못한 이상한 일을 당하거나 어려운 처지에 빠지면 속으로 신의 구원을 요청하는 때가 있다.

과학의 발달로 지금까지 신의 영역으로 두었던 것이 과학으로 영역으로 바뀌면서, 사람들의 신에 대한 믿음의 정도가 약해졌고 신의 영역도 줄어들었다. 내일의 날씨를 알려면 일기예보를 보지 현명하다고 하는 사람에 묻지 않고, 몸이 불편하면 병원에 가지 굿은 하지 않는다. 그러나 신의 존재 여부는 여전히 인간이 가지는 근본 문제의 하나이지만, 답이 나올 질문이 아니며 또한 명확하고 시원하게 해결될 의문이 아니니, 종교마다 나름대로 신의 존재에 대하여 설명하고 있다.

기독교는 세상과 인간을 창조한 유일신을 믿는 종교이므로 신의 뜻이나 명령에 따르도록 계율을 정하고 엄격히 지킬 것을 요구한다. 유일신을 믿는 종교인 유대교나 이슬람교도 기독교와 같은 주장을 하고 있다. 불교는 이 세상과 만물이 끊임없이 변화하여 실체가 있다고 보기는 어렵고, 인간이 있다고 믿는 실체는 진리를 모르는 사람이 보고, 듣고, 느낀 것에 의하여 얻는 지식이고, 진실하지 않은 무상에 대한 감각기관에 의한 지식이니 참되다고 할 수 없다고 하였으며, 신의 존재를 직접적으로 인정하지도 부정하지도 않지만, 전지전능의 존재에 의지하고 싶어 하는 사람들의 바람에 따라 부처를 신과 같은 존재로 믿고 제시한 계율을 지키라고 한다. 부처의 말씀을 확실히 믿고 따르면, 알게 모르게 그 자비가 내린다고 설하고 있다.

유가사상은 기독교와 불교에 대하여, 신의 존재에 대하여 구체적이거나 적극적으로 논하기를 꺼린다. 사람 사는 세상을 있는 그대로 보고, 그 속에 사는 사람도 있는 그대로 보며, 비록 사람의 지식에 한계가 있어 현실과 그 원리에 대하여 완전히 알 수는 없지만, 현실을 가능한 한 인정하는 바탕에서 학설이나 이론을 주장하려고 하였다. 사람이 지금 당면한 문제, 사회 혼란, 빈곤, 전쟁 등을 해결하지 못하면서, 하물며 보이지 않는 신에 대하여 어찌 알 수 있겠느냐고 하였다. 유가사상은 철두철미 현실을 긍정하고, 현실에서 바탕을 두고 문제를 해결하려고 한 사상이라 하겠다. 사람이 살고 만물이 있는 이 세상, 즉 자연은 그 규칙에 따라 어김없이 움직이고, 만물은 서로 영향을 주고받는 의존적인 존재이므로 조화롭게 살아가야 한다고 하였다. 자연에는 자연의 법칙이 있고 만물이 그 법칙에 따라 움직이거나 변화하지만, 그 속에 사는 사람은 자연의 법칙뿐만 아니라 사람 사이의 도리도 알아서 따라야 한다고 하였다.

　사람도 섬기기 어려운데, 어찌 귀신을 섬길 수 있느냐 하며 신의 존재를 부정하는 것 같지만, 신은 보이지 않고 들리지 않으면서 항상 우리와 함께 있어 큰 은총을 내린다고 하였다. 사람이 이 세상에서 일어나는 모든 일을 알 수 없고, 바라는 것이 뜻대로 되지 않는 경우도 분명히 있으므로 그 부분을 위하여 신의 존재를 인정하고 있는 것이 아닌가 하는 생각이 든다. 이것은 인간의 한계를 알고 겸손하여야 한다는 것을 염두에 두었다고 볼 수 있는데, 이런 점에서 유가사상은 다른 사상이나 종교에 비하여 인간적인 사상이라 하겠다.

5. 사람은 어떤 존재이고 어떻게 행동하여야 하는가?

　함께 어울려서 서로 도우며 평화롭게 살기를 바라고, 그렇게 되도록 사람이나 나라가 어떻게 하여야 한다는 주장이나 이론이 문명이 발달하기 시작한 이래부터 있었지만, 아직 그렇게 되지 않고 있다. 인류 역사를 살펴볼 때, 전쟁은 끊임없이 이어졌고, 사람으로서는 이해가 되지 않는 범죄가 드물지 않게 일어나고 있다. 걸출한 임금이 나와서 나라가 융성하고 백성들이 넉넉하고 평안하게 살았을 때도 있었지만, 대부분 나라는 군사력을 키워 그 군사력으로 이웃 국가를 침범, 합병하는 일도 흔히 있었다. 화산 폭발이나 대홍수 같은 자연재해는 어쩔 수 없다고 하겠지만, 미리 대비하면 그 피해를 줄일 수 있고, 피해가 발생하더라도 모든 백성이 도와주고 격려한다면, 그런 어려움도 극복할 수 있고 그 피해도 빨리 회복할 수 있다. 지금 세상은 인간이 만드는 재앙은 인간이 힘으로 해결할 수 있을 것 같지만, 그러하지 않다. 이 세상에 사는 모든 사람이 사람으로서 하여야 할 당연한 일을 힘들더라도 하고, 여유가 있는 사람은 자기보다 못한 사람에게 양보하거나 도움을 준다면, 갈등과 분쟁은 일어나지 않을 것이다. 단순한 것 같은 이 규범이 행하여지지 않고 있다. 왜 그럴까?

사상이나 종교마다 사람을 보는 시각이 다르다. 기독교에서는 창조주가 이 세상을 만들면서 마지막으로 가장 존귀한 사람을 만들고 평화롭게 살기를 기대하였지만, 인간은 창조주의 뜻을 어기고 죄를 지어 현실과 같은 살기 어려운 세상이 되었다고 하고, 만일 인간이 잘못을 회개하고 창조주의 뜻에 따르면, 구제될 수 있고, 그러면 영원한 낙원에 살 수 있다 하며, 창조주의 존재와 말씀을 굳게 믿고 계율을 엄격히 지킬 것을 요구한다. 종교의 근본 뜻을 보면, 모두가 옳고 마땅하게 행동하여야 한다는 계율에 따라야 하지만, 인간은 사욕에 얽매어 계율을 잘 지키지 못하고, 모범을 보여야 할 종교 지도자 중 일부는 오히려 종교 이름으로 바람직하지 않은 방법으로 세력을 확장하거나 자신들의 사욕을 채우고 있으며, 보통 사람보다 더 윤리적이지 못한 행태를 보인다. 기독교가 생활의 규범이요, 사람은 모두 그 규범에 따라야 한다는 신념으로 살았던 유럽이나 북, 남미에서 그 세력을 잃어가고 있는 것은 과학기술이 발달한 영향도 있지만, 종교 지도자들이 기독교의 기본 정신에 반하는 행위를 하여 사회의 정신적 지도자로서 역할을 다하지 못한 것에도 그 원인이 있다고도 하겠다.

불교에서는 변화하지 않는 영원한 존재는 없으며, 모든 존재는 순간 나왔다가 사라지는 것이며, 사람 또한 이와 다를 바 없다고 하였다. 그런데도 사람은 세상과 현실을 바로 보지 못하고, 가지고 싶은 것, 하고 싶은 것, 바라는 것에 집착하여 스스로 고통을 끌어들인다고 하였다. 이런 고통의 바다에서 벗어나려면, 진리인 부처의 말씀을 굳게 믿고, 그 말씀을 착실히 행하면, 해탈이나 열반의 경지에 들어갈 수 있다고 한다. 불교는 현실과 인간을 너무 부정적으로 보는 것 같고, 보통 사람은 보고, 듣고, 생각하는 것이 모두 무상하다는 것을 그대로 받아들이기 어려울 뿐만 아니라 믿기도 어렵다.

기독교의 창조론이나 불교의 무상론은 보통 사람으로서는 믿고 받아들이기 힘든데 반하여, 유가사상은 사람을 있는 대로 보고, 다만 자질이나 인격에 차이가 있어 다양하다고 하였다. 사람이 하여야 할 도덕적 행위도 장소나 때에 따라 달라 상대적인 면이 있다는 것을 인정하여, 유가의 근본 도덕 정신은 다른 사상이나 종교보다도 사람들이 받아들이기가 쉬울 것이다.

사람은 잠시라도 쉬지 않고 생각하고 행동하는데, 이때 무엇을 생각할지, 무엇을 할지를 결정하는 데 영향을 미치는 것은 그 사람의 지적 수준과 도덕성이다. 아무리 낮은 수준의 지적 수준을 가지고 있는 사람도 자기 생존에 필요한 것은 알고, 아무리 현명한 사람도 자연의 이치와 사람이 하여야 할 규범에 대하여 다 알수 없으며, 자기 가족 밖에 모르는 사람도 자기 자식은 사랑할 줄 알지만, 훌륭한 사람도 이 세상의 모든 사람을 잘 이끌어 서로 어울려 평화롭게 살아가도록 하지는 못한다. 사람이 재물이나 권력이나 명예를 갖고자 하는 것이 나쁘다고 하지 않고 그대로 인정하되, 그것을 얻는 방법이 마땅하고 당당하여야 한다고 하였다.

사람이 가지려고 하기보다는 먼저 훌륭한 행동을 하면, 가지고 싶은 것을 자연히 가지게 된다고 하며, 특히 그런 것을 가질 수 있는 위치에 있는 사람, 즉 임금, 제후, 대부들이 도덕적 행동을 하여야 한다고 강조하였다.

사람은 모두 자기를 위해 행동하는 경향이 있으며, 통치자나 지도자는 사람의 이런 점을 비난하기보다는 그런 그들을 인정하고 잘 설득하여 사람들이 널리 받아들일 수 있는 방안을 제시하여 행하도록 하여야 하며, 나라와 세상이 바르게 발전하도록 긴 안목에서 추진하는 것이 제대로 실행될 수 있도록 하는 데는 백성이 믿고 따르는 것이 필요하며, 그렇게 되기 위해서는 평소 모범을 보여 백성들이 자발적으로 신뢰하고 존경하도록 하여야 한다. 임금이나 윗사람의 역할을 강조하였다.

제시하는 바람직한 행동도 그에 관련된 백성이나 그 장소에 알맞아야 할 뿐 아니라 시기도 적절하여야 한다고 하였다. 대부분 종교는 행동의 동기를 중요시하지만, 유가에서는 동기도 좋아야 하지만 그 시기도 적절하여야 하고, 그 결과도 좋아야 한다고 하였다. 그래서 유가에서는 지혜와 지식을 중요시하고, 사람은 배움에 힘써야 한다고 하였다. 배운다는 것은 일반적으로 생각하는 학습만이 아니라 현실을 세밀히 관찰하여 사물의 본성과 사건의 본말을 아는 것도 배우는 것이라 하였다.

유가사상은 현실에 기초하여 만물과 사람을 보았고, 나름대로 그것들의 본성과 특성을 인정하면서 사람과 자연을 고려하여 때와 장소에 맞게끔 행동하여야 한다고 하였다. 절대적 선을 추구하거나 모든 것의 실체를 부정하며, 도덕성을 구하는 사상이나 종교보다 사람들이 이해할 수 있고 제시한 도덕 규칙에 따라 하기가 비교적 쉬운 것이다. 이런 점에서 유가사상은 인간적이고 실천적이라고 하겠다.

그리고 기독교, 불교 등 대부분 종교는 개인의 평안, 구원 등을 구하는 것이 궁극적인 목표이지만, 유가사상은 사람, 만물과 자연이 함께 어울려 조화로운 세상이 되는 것이 궁극적인 목표이다. 그런 세상은 중화의 세상이며, 다른 종교에서 말하는 낙원이요 열반과 같은 것이다.

6. 영혼과 사후 세계는 있는 것인가?

인류가 아주 미개한 원시시대에는, 만물을 그 종류에 따라 구분하지 못하여 생물이든 무생물이든 세상의 모든 것들이 자신과 같이 몸과 혼이 있는 것으로 알았다. 차츰 지혜가 쌓임에 따라 만물을 살아 있는 것과 그렇지 않은 것, 동물과 식물 등으로 구분하였다. 나름대로 만물을 보이는 대로 구분하기 시작하였지만, 아직 논리적이고 체계적인 지식이 아니라 느낌이나 경험으로 알게 된 대로 구분하였다. 이때까지는 만물에 영혼이 있다고 믿고 숭배하였다.

정착 생활을 하게 되어 경험이나 생각을 서로 주고받게 됨에 따라 인류의 지혜는 크게 발전하여 생각하는 것이 더 논리적이고 체계적으로 되었다. 지금 우리가 보면 아주 유치한 신의 이야기가 만들어졌고, 굿을 하고 점을 치는 등 미래에 닥칠 일을 알고자 하였다. 이런 행위는 유치하게 보이지만 그 당시 사람들은 마땅하다고 여겼을 것이다.

살아 있는 것은 죽는다는 것을 알게 되면서, 비록 몸은 죽더라도 영혼은 영원히 사는 방법은 없는가?에 대하여 생각하게 되었다. 원시인들도 사람의 몸은 영원할 수 없다는 것을 알았고, 자신의 허울인 몸은 죽지만 자신의 진정한 본체라고 할 수 있는 혼은 영원히 살 수 없을까?에 대하여 고민하고 그 방법을 찾고자 하였다. 그런 생각을 가지고 비록 유형의 몸은 죽어 사라지지만, 무형의 혼은 계속 남을 수 있다고 믿었다. 이런 사람의 마음을 잘 활용한 것이 민간신앙이고 종교이다.

유일신인 창조주가 세상과 만물을 만들었다고 믿는 기독교에서는 조물주가 사람의 형체를 만들고 난 후 영혼을 불어넣어서 사람을 완성하였고, 사람의 육체는 죽어 없어지나 영혼은 그 사람이 일생 행한 업적에 따라 평가받으며, 신의 명령을 충실히 행한 사람은 구원을 받아 가장 좋은 곳에서 영생을 누릴 수 있고, 그러하지 못하면 어려움과 고통의 구덩이에 빠진다고 하였다. 그러니 신을 굳게 믿고 신이 제시한 계율을 반드시 지키라고 하였다.

우리가 사는 세상과 그 위에 살아 있는 모든 것들, 살아 있는 것이든 그렇지 않은 것이든 불문하고, 모두 생겨나 잠시 이 세상에 있다가 사라진다고 믿는 불교에서는 해탈하거나 열반에 드는 것을 최고의 가치라고 하였으며, 그런 경지에 이르지 못한 사람은 윤회에서 벗어나지 못하며, 비록 육체는 죽어 없어졌지만 영혼은 굴레에서 벗어나지 못하고 계속해서 고통을 받는다고 하였다.

유가사상은 현실을 인정하고 긍정적으로 보았으나, 하늘과 땅을 숭배하여 제사를 지내고 조상에게 제사를 올리는 것을 중시한 것을 보면, 신이나 영혼을 인정하는 것이 아닌가 하는 생각이 들지만, 유가의 주장을 세밀히 분석하면 꼭 그런 것은 아니다.

　하늘과 땅을 숭배하고 제사를 올리는 것은 인간의 한계를 인정
하고, 인간이 할 수 없는 부문이 있다는 것을 알고 겸손한 자세로
살아가야 한다는 것을 뜻한다. 사람이 자연의 법칙을 알고, 사람
의 도리를 알고 이를 성실히 행하면, 신의 경지에 가까이 이를 수
있다고 하였다. 바로 성인이 그런 경지에 이른 사람이고, 보통 사
람도 수신하여 그런 경지에 도달할 수 있다고 하였다.

　조상에게 드리는 제사는, 조상신 또는 영혼에 대한 의식이 아
니라 자기를 낳아주고 길러주신 조상에 대한 고마움을 잊지 않고
그 뜻을 숭배하는 것이다. 후손들이 한자리에 모여서 서로 살아
가는 형편을 들어보고 서로 격려하며, 도울 것이 있으면 서로 도
움을 주고, 꾸짖을 것이 있으면 마음에 부담을 느끼도록 하여 제
자리를 찾아가도록 하는 자리이다. 한 가족이라는 유대의식을 가
지는 자리이다. 죽은 사람을 보내는 상례는 슬픈 의식이지만, 조
상에게 드리는 각종 의식, 명절에 드리는 다례, 돌아가신 날에 드
리는 제사는 좋은 의식, 즉 길례吉禮인 것이다.
　지금은 가족들이 함께 여행을 가거나 모임을 가지지만, 그런
행사가 없었던 옛날에는 조상에게 드리는 각종 의식이 유일한 만
남의 기회, 소통의 장소였다. 조상의 영혼을 받드는 것이 목적이

아니라 조상의 덕을 기억하고 감사하게 여기는 의식이다.

이런 면에서 보면, 다른 종교의 의식과 달리 유교에서 행하는 각종 의식은 사람 냄새가 난다고 하겠으나, 지금은 의식의 근본 취지나 거기에 참석하는 사람들이 가져야 하는 마음 자세는 모두 잊어버리고 형식만 남아 있게 되다 보니, 젊은 층에서 외형을 중시하는 허례허식으로 보는 것을 탓하거나 비난할 수만 없다.

하늘과 땅에 지내는 제사와 조상을 모시는 제사는 사람의 능력에 한계가 있는 것을 인정하고, 여러 사람이 모여 살아가는데 부딪히는 난관을 함께 해결해 나가자는 마음을 다지는 자리이다. 의식에 참석한 모든 사람이 한마음을 가지고 일치단결하여 살아간다면, 해결하지 못하는 어떤 어려움도 없을 것이다.

7. 왜 전통사상을 되새겨 보아야 하는가?

지금 젊은 세대에 남아 있는 우리 전통사상은 충성하라! 효도하라! 제사를 잘 지내라!는 것들뿐이며, 이것들에 대하여 많은 반감을 가지고 있다. 왜 그렇게 하여야 하는지를 이해하기 쉽게 알려주지 않고 무조건 하라고만 하니 그렇게 되었다고 하겠다. 왜 충성해야 하는지? 부정부패가 저질러지고 있는 나라와 서민을 무시하고 오만하게 행동하는 관리를 그래도 받들어야 하는가? 서민을 법이라는 제도를 가지고 괴롭히는 정부에도 충성하여야 하는가? 자식들의 앞날은 조금도 생각하지 않고 우선 편하게 먹고 살자고 하거나, 자식을 심하게 학대하는 부모도 존경하여야 하는가? 이런 질문에는 답을 주지 않고 있다.

그래도 우리의 나라이고 나의 부모이니 충성하여야 하고 효도하여야 한다는 것은, 전통을 이해하지 못하는 젊은 세대들은 그대로 받아들일 수 없을 것이다. 먼저 임금은 임금답게 신하와 백성을 다스리고, 부모는 부모답게 자식을 사랑한 후에야 충성과 효도를 하라고 하여야 하는 것이 아닌가? 앞서 되어야 할 것은 나라와 임금, 부모가 제 역할을 하는 것이고, 그렇게 되도록 항상 개선이나 개혁을 하여야지, 명령이나 지시를 받는 아랫사람에게 먼저 의무를 강요하는 것은 마땅하지 않다. 각종 시위나 저항을 사회 기강을 세우고 안녕을 위해 법에 따라 엄벌에 취하겠다고 하는 것보다 먼저 그런 시위나 저항이 왜 일어나고 있는지, 그에 대한 처벌이나 규제는 합리적이고 타당한지를 먼저 되새겨보고 난 뒤 엄벌한다고 하여야 할 것이다. 가능한 한 젊은 사람, 가난하고 능력이 없는 사람, 억울하다고 주장하는 사람들의 의견을 들어보고 해결책을 강구하여야지, 현행법이 그러니 무조건 법에 따라 처벌하겠다고 하면, 골만 깊어지고 갈등은 분쟁으로 변할 것이다.

유가사상은 서민은 편히 먹고 살아가기를 바라고, 공익보다는 사익을 앞세우는 경향이 있다는 것을 인정하고, 이런 백성을 설득하여 이끌어 나가기 위해서는 먼저 임금이 수신하여 덕치를 하여야 하며, 그렇게 되면 자연히 백성은 임금을 신뢰하여 따를 뿐만 아니라 그들도 임금을 본받아 남에게 베풀게 되어 온 나라가 서로 도우며 함께 평화롭게 살아갈 수 있다고 하였다. 그러나 우리가 살아가는 세상은 그러하지 못하다.

유가사상이 나타나게 된 이유는 중국의 춘추시대에 종주국인 주나라뿐만 아니라 주나라가 각 지역에 봉한 제후들도 자기 세력을 키우기 위하여 인재를 널리 구하였기 때문이며, 필요한 인재를 양성하여 제공하고자 다양한 사상이 나타났고, 이런 사상들을 중심으로 학파가 생겼다. 지금으로 말하면 사설학원이라 하겠다.

유가儒家는 공자를 따르는 학자들의 모임을 말하는데, 사람을 있는 그대로 보고 현실의 당면한 문제를 해결하는 방안을 제시하여, 어느 시대나 지역과 관계없이 보편적이고 일반적인 사상이어서 지금까지 널리 수용되고 있다. 그 합리성과 보편성으로 중국뿐 아니라 우리나라, 일본, 베트남에도 크게 영향을 미쳤다.

유가는 현실을 중시하고 인간을 긍정적으로 보았으며, 한 개인으로서의 사람뿐만 아니라 함께 살아가는 사람으로서 사람을 보았으며, 개인 못지않게 사람의 관계를 중시하였다. 근대 과학기술이 발달한 이후 서양은 인간을 이성적인 존재로 보고, 진리를 탐구하고, 과학기술을 개발하는 이성을 중시하였으나, 최근에는 이성이 인간 문제를 해결하는 데 한계가 있다는 것을 인정하고, 사람의 감정과 인간관계를 다시 보고, 이것들을 중요하게 다루고 있다. 지금은 서양에서도 인문학이나 사회과학에서도 이런 추세를 반영하고 있다.

유가는 가족 관계를 중시하였는데, 그 이유는 가족이 태어나서 처음 접하는 사람과의 관계이고, 사람과의 관계를 배우고 익히는 터전이기 때문이다. 가족 내에서 자기의 역할을 알게 되고, 상하 관계나 협조 관계를 어떻게 하여야 하는지를 알게 된다. 부모에게 효도하는 사람이 난을 일으키는 일은 드물다고 한 것은 가족 관계에서 원만한 관계를 형성한 사람은 사회생활에서도 좋은 인간관계를 가진다는 것을 보여준다고 하겠다.

사람은 가장 먼저 하여야 하는 것은 넉넉하고 어진 마음을 가지는 것이며, 이것이 사람이 살아가는 데 있어, 다른 사람과 원만한 관계를 갖고, 자기도 만족을 얻어 잘 살 수 있는 바탕이라고 하였다. 이런 마음과 자세를 가질 때, 자연히 겸손해지고 남을 존경하고 자기희생을 할 수 있으며, 그렇게 하여야 갈등이나 다툼도 없이 어울려 살아갈 수 있는 것이다. 이런 마음과 행동이 구체적인 행동으로 나타날 때, 그 효과가 그대로 나타나는 곳이 가족이다.

가족 관계가 화목하게 되기 위해서는 갈등이 없고 서로 신뢰하고 사랑하여야 하는데, 부모 자식 사이에는 다른 어떤 관계보다 갈등이 일어나기 쉽고 그 골이 깊어지기 쉽다. 가족 간에는 함께 하는 시간이 많고 서로에 대한 기대도 크다. 부모는 자식들이 반듯하게 자라서 제 할 일을 제대로 하여 사람대접받으며 살기를 바라고, 자식은 부모가 다른 사람 부럽지 않게 느끼며 자라도록 하여주기를 바란다. 기대가 크고 바람도 많으니 갈등이 일어날 소지가 있다.

가족 간에 가장 흔하고 심한 갈등은 아버지와 아들 간의 갈등이다. 갈등의 원인이 나이던 사람은 관행을 지키려고 하고, 젊은 사람은 더 나은 효율적인 방법을 찾아보고자 하는 경향이 있어 세대 간 의견 차이가 있다. 게다가 지배하려고 하는 욕망이 있으므로 갈등이 쉽게 해결되지 않고 깊어진다. 오이디푸스 콤플렉스라는 것도 있다고 한다.

유가사상은 현실을 세밀히 관찰한 것을 바탕으로 하여 세워진 학설이다. 지금과 같이 실태조사나 설문조사를 시행하지는 않았지만 나름대로 현실을 관찰하고 사례를 분석하여 일반화하였다. 잘 사는 집을 보니 대부분이 화목하였다. 여기서 가족이 화목하여야 잘 산다는 주장이 나온 것이다. 무조건 효도하라고 하는 것보다 바람직한 현상이나 사례가 있으니 효도하라고 하는 것이 젊은 사람들이 효도하는 마음을 가지게 하는 것이 아닐까? 자식들이 자기 희생하여 효도하는 사례보다 효도가 자연적으로 이루어지고 있는 사례와 그 효과를 설명하는 것이 나을 것 같은 생각이 든다.

　마땅한 일은 무조건 하여야 하지, 어떤 조건을 붙여 마땅한 일을 하여야 한다고 하면, 마땅한 일이 앞에 있으면 먼저 그 조건이 합당한지를 생각하게 되어 실제로 마땅한 일을 마주칠 때 주춤하는 수가 있으므로, 마땅한 일을 하는 것에 대하여는 조건을 붙여서는 안 된다고 한다. 또 마땅히 하여야 할 일을 하지 않았을 때, 변명하거나 핑계를 대어 바람직하지 않다고도 한다. 그러나 사람은 설득되어야 자기 의지를 정할 수 있고, 의지가 굳건하여야 힘들더라도 실행에 옮긴다는 것을 고려할 때, 무조건 하라고 하는 것보다는 하여야 하는 이유를 설명하고, 그 효과가 자신에게 미치니 마땅한 일을 하라고 하여야 제대로 될 것이 아닌가 하는 생각이 든다.

유교의 근본사상은 인仁이라고 알고 있는데, "중용"에서는 중용을 최고 덕목으로 주장하는 것 같이 보인다. 이것은 아무리 좋은 덕목이라도 실제로 이행되어야 한다는 것을 강조한 것이다. 바르고, 마땅한 일이라도 그 장소에 있는 사람, 그 장소의 상황, 그때를 고려해야 한다는 것을 뜻하는 것이다. 아무리 마음에 인仁을 품고 있어도 행동으로 나타나지 않으면 의미가 없고, 행동으로 나타날 때는 사람, 장소, 시기를 고려하여 행동하라는 것이다. 남을 도와주는 것도 그때의 어려움을 벗어나도록 임시로 도와주는 것도 있을 수 있고, 도움을 받는 사람이 당장은 어려움을 더 겪더라도 앞으로 도움 없이 살아갈 수 있도록 지도하거나 지원하는 것도 있을 수 있다. 어느 것이 좋은지는 도움의 필요성과 시급성, 상대방, 상황, 시기들을 보아서 정하여야 할 것이다.

이것이 바로 중용이다.

유가에서는 앎을 강조하였고, 지知, 인仁, 용勇을 3달덕이라고 하였는데, 여기도 앎이 포함되어 있다. 왜 지혜나 지식을 강조하였을까? 알지를 못하면 아무것도 할 수 없다. 좋은 일을 하고자 하더라도 상대방이 무엇을 원하는지 알아야 할 수 있고, 가뭄과 홍수 같은 재해를 방지하기 위해서는 그에 대한 지식이 있어야 한다. 자연의 이치와 사람의 마음이나 요구, 사람의 도리를 모르면 아무것도 할 수 없다.

만물에는 중요한 것과 그렇지 않은 것이 있고, 일에는 처음이 있으면 끝이 있다는 말은 항상 먼저 하여야 할 것과 그렇지 않은 것이 있고, 아무리 어려운 일이라도 일어난 일은 끝이 있고 매듭지을 수 있다는 것을 말하는 것이며, 계획 없이 하기보다는 전후좌우를 살펴서 행동하라는 것이다.

지금의 산업화, 도시화한 사회는 농업사회보다 복잡해졌고 이해관계가 서로 상충할 경우가 많다. 이런 사회일수록 각 계층의 의견을 충분히 들어 원만하게 조정하여야 하고, 과학기술의 진보가 날로 달로 발전하고, 그에 따라 사회도 급변하고 있으므로 사회 변화의 추이를 살펴보아 지금 당장 문제를 해결하려는 미봉책보다 앞으로 닥칠 미래도 함께 고려하여 정책이나 할 일을 결정하여야 한다. 게다가 통신과 인공지능의 발달은 사회를 송두리째 변화시킬 가능성도 있으므로 미래의 변화를 고려하는 것이 더욱 중요해졌다. 이런 복잡한 사회가 당면한 문제를 해결하는데, 한 사람의 능력으로는 한계가 있으므로 훌륭한 사람을 골라 활용하여야 한다. 그래서 유가에서는 임금과 같이 많은 사람을 다스리는 사람은 사람을, 만물을, 자연을, 그리고 하늘을 알아야 한다고 하였다.

이런 시대 상황을 고려한다면, 유가의 기본 또는 근본사상을 받드는데 각종 제도나 관행을 대대적으로 개혁하여야 한다. 유가 사상은 농업사회, 봉건제 국가, 신분제 사회에서 나온 사상이다. 현대의 산업화 사회, 민주주의 국가, 평등사회에 그대로 적용되기에는 현실과 맞지 않은 것이 많이 있다고 하겠다. 그러나 사람을 존중하고, 사람과의 관계를 중시하고, 사람뿐만 아니라 사람과 만물 및 자연과의 관계도 중시하여 모두 어울려 함께 평화롭게 사는 것을 희망한 사상이라는 점을 높이 평가하여 그 정신은 이어받아야 한다.

유교가 조선 건국 이후 우리 사상의 근본이었는데, 지금은 유교가 우리 생활과 점점 멀어지고 있는 것은 사회의 변천에 따라 제도나 관행을 바꾸지 않았고, 근본정신을 가르치기보다는 형식을 중요하게 여기고, 무조건 따라 하라고 강요하였기 때문이다. 과감한 개혁이 필요하다.

가장 먼저 바뀌어야 하는 것은 가족 중심의 각종 제도이다. 먼저 떠오르는 것이 결혼식, 장례식, 제사이다. 결혼식은 완전히 서구화되었다고 하겠으며, 상례인 장례식은 시골에서는 옛날과 같이 치르는 곳이 있지만, 도시에서는 급격히 변화하고 있어 곧 새로운 관행이 정착될 것이다. 지금은 화장이 일반화되어 있는데, 이것이 우리의 인생관을 크게 바꾸고 있다고 보며, 나이 든 사람이나 젊은 사람이나 모두가 과거보다 더 현실적으로 되었고, 부모와 자식 사이의 관계, 자식이 부모를 모시는 것, 부모가 자식을 위해 희생하는 것에도 크게 영향을 미치고 있다. 현실주의, 개인주의 경향으로 점점 더 흐르는 것 같다.

유가에서는 각종 의식은 자기의 직위와 능력에 맞게 하라고 한다. 조선 말 갑오개혁이 있기 전에는 제도가 엄격히 시행되었다고 한다. 그러나 개혁으로 신분제가 없어지니 모든 집안이 자기 집안은 뼈대가 있는 양반 가문이라고 자랑하고자 몇 대에 걸쳐 조상에게 제사를 지내었다. 한 백 년은 이렇게 지냈으나 지금은 이에 대한 의견이 분분하다.

각종 의식을 치르는 취지는 가족이나 가까운 친척들이 모여 조상의 은덕을 기리고 한마음을 가지고 서로 도우며 살아가자는 것을 다짐하는 자리인데, 근본 목적은 잃어버리고 제사를 지내는 데 따른 부담 문제로 형제나 친척 간에 불화가 생긴다. 제물을 마련할 때도 많이 장만하는 것이 아니라 제사에 참석하는 사람들이 한차례 충분히 먹을 수 있는 양이면 되는데, 몇 명 참석하지 않는 제사에도 너무 많이 장만하여 버리기도 하며, 요즘 제철에 나오는 먹음직한 과일이 풍부한데도 제사 지내면 버리는 과일을 그대로 올리기도 한다. 제물도 여러 사람이 분담하여 마련하는 것이 좋은데, 한집에서 마련하라고 미루니 일을 담당한 사람은 불만이 많다. 옛날과 달리 맏아들이라고 상속을 받을 때, 더 주는 몫도 없는데 부담을 지게 되니 불만이다. 제물도 전통에 벗어나도 좋을 것이다. 손자들이 좋아하는 것을 제물로 쓰고, 제사 뒤 나눠먹게 되면 손자도 제사에 참석하고 싶어할 것이고, 자라서는 제사를 지내려고 할 것이다. 아들과 딸들이 부모를 기억하고 그분들이 살아 계신다면 이런 것을 좋아하시지 않았을까 하는 음식을 각자 마련하여 제사상에 올리는 것도 뜻있는 것이다.

유가에서는 인간관계를 중시하지만, 각종 의식은 가족 중심으로 이루어지다 보니 공동체보다는 혈연주의에 너무 치우쳐 있고, 가족제도가 급변하는 지금의 세상에서는 그 흔적이 점점 사라지고 있다. 성균관에서 제사를 간략하게 지낼 수 있도록 방안을 마련하여 알리는데, 그런 정도의 개선이 아니라 대대적인 개혁이 되어야 한다.

유교가 종교인가? 아닌가? 하는 논란이 있다. 으뜸되는 가르침이 있고, 각종 의식이 행하여지고 있는 것을 보면, 유교도 종교라고 할 수 있다. 그러나 각종 의식이 가족 중심으로 폐쇄적으로 운영되는 것이 다른 종교와 차이점이다.

유교 관련 시설은 공공기관으로 서울의 성균관과 지방의 향교가 있고, 사설 기관으로는 사원과 서당이 있다. 이것들은 교육기관이고 선생을 모시는 장소이지, 일반인이 참배하는 공간은 아니다. 지금은 교육기관이 아니라 단순히 선생을 모시고, 매년 몇 차례 제사를 모시는 기관일 뿐이다. 그러니 유교를 믿는 사람은 평소 유교 교리를 배우고 익히는 공간이 없고 수행하는데 함께 하거나 서로 격려하고 도움을 주고받는 사람이 없다.

유교가 다른 종교와 같이 사회에서 큰 역할을 하도록 하기 위해서는 우선 참배하는 장소를 마련하여 유교를 믿는 사람들이 쉽게 주기적으로 자주 찾아갈 수 있도록 하고, 가족의 각종 의식을 대행하는 서비스도 하여야 할 것이다. 이런 기본방향이 설정된 뒤에야 제도를 새로 마련하거나 개선할 수 있다. 우선 향교, 서원 및 서당을 이런 용도로 활용할 수 있을 것이다. 기독교가 유대교에서 유래하였다고도 할 수 있는데, 세계 종교가 된 것은 유대교의 폐쇄성을 과감히 벗어나서 모든 사람은 평등하고 서로 사랑하여야 한다는 보편성을 가졌기 때문이다. 유교 개혁에 참고가 될 것이다.

사서四書로서
"중용中庸"

공자孔子(B.C. 551~B.C. 479)의 사상을 따르는 학파를 유가儒家라 하고, 유가에는 주나라 춘추시대(B.C. 770~B.C. 403)에 작성된 "논어論語", "대학大學" 및 "중용中庸"이라는 경전과 전국시대(B.C. 403~B.C. 221)에 작성된 "맹자孟子"라는 경전이 있다.

"논어"는 주로 공자의 말씀을 그 제자들이 엮은 것으로, 공자의 인仁 사상이 공자의 말씀 그대로 나타나 있고, "대학"은 공자의 직제자인 증자曾子(B.C. 505~B.C. 435)가 배움의 궁극적 목적과 배움, 수신, 성취의 단계를 설명한 것이고, "중용"은 공자의 손자이고, 증자의 제자인 자사子思(B.C. 483?~B.C. 402?)가 세상의 생성 및 작용 원리와 사람의 본성과 도덕 원리에 대하여 사변적, 철학적으로 논한 것이고, "맹자"는 자사의 제자인 맹자(B.C. 372~B.C. 289)가

공자의 인仁 사상에 실천의 중요성을 강조한 의義를 추가하여 인의仁義 사상을 설명한 것이다.

　"논어"와 "맹자"는 처음부터 단행본이었으나 "대학"과 "중용"은 단행본이 아니고, "예기禮記"의 각각 한 편으로 있었다. 이것이 단행본으로 다루어져 유교의 주요 경전으로 된 것은 송나라 주희(A. D. 1130~A. D. 1200)가 "대학"과 "중용"을 그 내용에 따라 문장을 구분하고 해설하여 각각 단행본으로 취급할 때부터이다. 이때부터 4권의 책을 사서四書라 하여 유학의 기본 경전이 되었다.

　"논어"와 "맹자"는 공자의 말씀이나 인의仁義에 관한 사례를 들어 설명하여, 깊은 뜻은 파악하기 어렵지만 읽어나가면 그런대로 뜻을 파악할 수 있다. 그러나 "대학"과 "중용"은 근본원리와 법칙을 추구한 것이라 쉽게 이해되지 않고, 그 참뜻을 터득하는 것은 더욱더 어렵다. 다른 사상이나 종교가 세계와 인간 세상에 대한 궁극적인 것을 찾아서 사람이 하여야 할 도리를 끌어내는데, 유가에서는 "중용"에서 그렇게 하였다.

　"중용"은 모두 33장으로 되어있으며, 제1장과 제33장은 세상의 근본원리와 인간의 도리, 도덕의 근본원리를 총괄, 요약하였고, 제2장에서 제20장까지는 공자의 말씀으로 중용의 개념, 중용의 작용, 중용의 효과와 효孝 및 예禮에 관하여 설명하였다. 더 세부적으로 살펴보면, 제1장은 자연과 사람의 조화로운 세상인 중화中和의 세상에 이르는 도道를 설명하고, 제2장에서 제11장까지는 중용의 도를 행하기 어려운 이유를 설명하며, 지知, 인仁, 용勇 3달덕達德으로 중용을 잘 행하는 방법을 설명하였으며, 제12장에서 제19장까지는 중용의 도가 널리 퍼져있음과 중용의 도를 성취한 단계에 대하여 논하고, 효孝와 예禮에 관한 기본 개념을 설명하였다. 제20장에는 정치에 관하여 논하면서, 인재의 중요성, 인간관계의 구분과 적절한 인간관계론, 3달덕의 실천, 성誠의 실천 방법에 대하여 설명한다.

제2장에서 제20장까지는 공자의 말씀을 인용하거나 설명하면서 논리를 전개하였으나 제21장부터 제33장까지는 성誠에 대하여 자사가 자기 말로 논리를 전개하였다.

제21장에서는 제26장까지는 성誠의 개념과 성誠의 효과를 설명하고, 특히 제21장에서는 성性, 명明 즉 지知, 성誠, 교教의 관계를 대전제로 제시하며, 교教의 중요성을 강조하였다. 제27장에서 제32장까지는 만물을 품고 기르는 자연과 같은 성인聖人의 도가 행해지는 대덕大德의 세계와 성誠을 다하는 군자의 세계, 지성至誠에 이른 성군聖君의 세계를 설명하였으며, 마지막 장인 제33

장에서는 군자의 마음가짐과 자세, 자연과 인간 세상의 조화로운 중화中和의 세상을 다시 강조하였다.

공자는 인仁, 증자는 수신修身, 맹자는 인의仁義를 강조하였는데, 자사는 "중용"에서 성誠을 강조하였다. 도덕 법칙이 아무리 좋고 완벽할지라도, 그것이 실행되지 않으면 그 의미가 없으므로 반드시 도덕 법칙에 따라 행동하는 성誠이 있어야 한다고 주장하였다. 이것이 자기 내면이 외부에 구현되어 자기만족을 얻는 성취감을 가지는 것이고, 자기 존재 가치를 확실히 느끼게 되는 경지이다.

"중용"에서 강조된 개념은 자연에서는 천天, 천명天命, 성性, 도道 및 조화造化이고, 인간 세상에서는 사람의 덕성德性 특히 윗사람의 인격, 지知, 인仁, 용勇 3달덕達德과 효孝와 예禮와 성誠이다. 자연은 그대로 있으면서 만물이 자라는 터를 제공하고, 만물이 자기 성性에 따라 살아가게 하지만 모두 함께 더불어 조화롭게 살아가게 한다. 이것을 사람이 본받아야 한다. 자연에는 자연법칙, 즉 천도天道가 있듯이 사람 사는 세상에는 사람의 도리, 즉 인도人道가 있고, 사람은 인도를 마땅히 행하여야 한다. 사람이 자연을 본받아 사람의 도인 중용의 도가 행하여지면, 사람은 사람들만 아니라 만물과도 어울러서 자연과 하나 될 것이다.

사람은 수신하여 중용을 잘 행하면 자기완성 단계에 이르고, 자기 인격 완성의 경지에 이를 것이다. 이 경지에서 느끼고 즐기는 기쁨은 부귀나 명예를 가진 기쁨보다 더 크고 오래갈 것이다. 유가에서는 사람을 긍정적으로 보고, 사람이 중용을 잘 행하여 중화의 세상을 이룰 수 있다고 보고, 그렇게 하는 것을 기대한다고 하겠다.

중용
中庸

기울지도 아니하고 쏠리지도 아니하여

不偏不依

지나치지도 않고 모자람도 없도록

無過不及

늘 넉넉한 마음을 가지고

耕心以仁

부지런히 살아가자

篤行以誠

제1편

중화中和 세상

만물은 자연법칙에 따른 제 갈 길을 가듯이, 모든 사람이
제 도리를 다하면, 이 세상은 평화롭고 행복해진다.

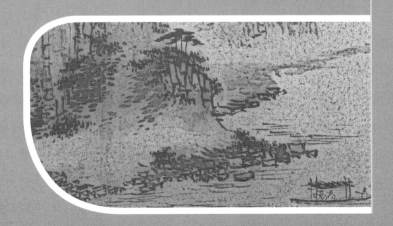

◆◆◆

제1장

하늘이 명命한 것이 성性이고

하늘이 명命한 것을 성性이라 하고, 성性에 따르는 것을 도道라 하고, 도道를 알아 그대로 따르도록 하는 것을 교敎라 한다.

天命之謂性 率性之謂道 修道之謂敎
천 명 지 위 성 솔 성 지 위 도 수 도 지 위 교

천天 하늘. 농경사회에서는 하늘이 농사에 큰 영향을 미치므로, 하늘을 신
　격화하여 기후나 일기 변화를 일으키고 만물을 육성하다고 봄.

명命 명령命令과 같은 의미로 쓰임. 령令은 안 따를 수도 있지만, 명命은 운
　명적으로 받아들어야 하는 명령. 여기서는 하늘은 만물에게 하여야 하
　는 것을 알려주고 이끌어주는 것을 의미함.

성性 본성. 이 세상에 있는 만물은 자연이 부여한 성性을 가지고 그에 따

라 행동하고 변화하지만, 사람은 다르다. 사람은 자기 마음대로 결정하여 행동할 자유를 가짐. 지혜롭다고 하는 사람도 그 본성을 제대로 알지 못하고, 그것에 어긋나게 행동하기도 함.

도道　길. 다니는 길이지만 그 의미가 넓어져서 여러 의미로 쓰임. 원리, 법칙, 이치理致, 도리道理, 윤리 등으로 쓰임. 자연의 도는 분명하여 어김없지만, 사람의 도는 때나 장소에 따라 달라질 수 있으므로 분명하지 않음.

교教　살아가는 데 필요한 지식이나 사람으로서의 하여야 할 도리를 가르쳐 주는 것. 학學은 스스로 알려고 힘쓰는 것이고, 교教는 남을 깨우쳐 주는 것.

과학이 발달하지 않은 사회에서는 사람은 하늘을 두려워하고 높이 받들었다. 하늘은 높은 곳에 있으며, 해와 달, 그리고 별들을 거느리고 구름을 만들어 눈과 비를 내리게 하며 만물을 만들어 자라게 한다고 믿었다. 하늘은 간혹 천둥과 번개를 일으켜 사람을 두렵게도 하였다. 이런 하늘을 우러러보는 경천敬天 사상은 인류 초기 미개 사회에서는 어느 곳이나 있었으며, 하늘을 신과 같은 존재로 여겼고 만물을 만들었다고 믿었다. 만물이 생존하는 이 세상을 만들 때, 하늘은 해와 달이 일정한 규칙에 따라 움직이고, 사계절에 따라 초목과 동물이 자라게 하듯이 일정한 법칙에 따라 하였으며, 조금도 그 법칙에 벗어난 적이 없다고 여겼다.

하늘에 의하여 만들어진 만물도 하늘이 내려준 성性에 따라 움직이고 성장하며, 조금도 그것에 어긋나는 일이 없으며, 만물은 살아가면서 서로 의존하여 도우며 살아가고 있다고 믿었다. 사나운 동물은 약한 동물을 잡아먹고, 작은 동물은 초목을 먹고 살아감으로 살기 위해 먹고 먹히는 것 같이 보이지만, 만일 이런 일이 일어나지 않는다면, 자연은 조화로운 상태를 유지할 수 없다. 사나운 짐승이 없으면, 약한 동물이 너무 많아져서 초목을 모두 먹어 치우므로 초목이 자랄 수 없을 것이고, 초목이 자라지 못하니 이 세상은 사막과 같이 삭막하게 될 것이다. 초목을 먹고 사는 동물이 없어지면 초목은 무성하게 자라지만 동물들이 없으니 이 세상은 역동적이지 못할 것이다. 지금 이 아름다운 세상은 만물이 자기 나름대로 자기 성性에 맞게 살아가므로 조화롭고 신비스럽게 되었으며, 어떤 것이라도 없다면 사나운 짐승, 풀을 먹는 동물, 여러 종류의 초목들이 없다면 지금과 같은 아름다운 세상이 될 수 없을 것이다. 모든 것은 그 나름의 존재가치가 있고, 무의미한 존재는 하나도 없다고 하여야 할 것이다.

간혹 화산이 폭발하여 지형과 기후를 변화시키고 큰 홍수가 지형을 바꾸기도 하지만, 하늘과 땅, 그 사이에 있는 만물은 자기 성에 따라 제 할 일을 게으름을 피우지 않고 다하여, 다시 조화롭고 풍성한 세상을 만든다. 우리가 사는 이 세상은 만물이 함께 있고 더불어 살아가는 자연이며, 그 속에 엄격한 자연법칙이 있어 어느 것 하나 그 법칙을 어길 수 없다.

사람은 이 자연 속에 함께 살아가지만 다른 동, 식물과는 차이가 있다. 생명이 없는 것은 그 성性을 그대로 갖고 있을 뿐 아무런 움직임이나 행동이 없고 단지 외부의 영향으로 변할 뿐이고, 생명이 있는 것은 그 성에 따라 움직이고 본능에 따라 행동하며, 조금도 그것들의 의지가 들어갈 틈이 없다. 그러므로 그것들이 하는 행동에 대하여 옳은지 그른지 판단할 여지가 없다.

그러나 사람은 다른 존재와 다르다. 바라는 것이 있고, 하고 싶은 것이 있으며, 하고자 하는 것이 있다. 어떤 것은 식물과, 어떤 것은 동물과 공동으로 가지는 것이 있지만 사람만이 가지는 것이 있다. 다른 생명체와 다른 것은 자연의 변화를 알고, 그 변화의 법칙을 알고자 하는 생각하는 힘이 있고, 기쁘고, 성내는 등 감정이 있는 것이다. 일부 동물들도 낮은 수준의 지적 능력과 감정을 갖고 있다고 하지만, 빛나는 문명과 문화를 이룩한 사람과는 비교할 수 없다. 그런 동물은 단지 생존을 위한 본능에 의한 것이지 그들의 생각이나 의지에 의한 것이 아니고 본능에 따를 뿐이므로 그 행동을 평가할 수 없다. 그러나 사람은 자기 나름대로 뜻하는 것이 있고, 그에 따라 행동할 수 있으므로, 즉 자신이 바라고 좋아하는 것을 골라 행동할 수 있는 자유가 있으므로 옳고 그른 것으로 구분하여 평가할 수 있다. 그 행동이 다른 사람과 어울려 살기에 적합한 것일 수도 있고, 오히려 그에 반하는 것일 수도 있다. 자기 생존만을 위한 행동을 한다면, 다른 동물과 다른 바가 없고 사람답다고 할 수 없을 것이다.

사람다운 것은 무엇인가? 그 무엇이 사람을 사람답게 하는, 사람만이 가지는 성性이라 할 수 있을까?

사람의 행동을 결정하는 것은 여러 요인이 있다. 어떤 것은 태어날 때부터 가진 것이고, 어떤 것은 살아가며 스스로 얻는 것이거나 배워서 얻는 것일 수 있다. 행동을 결정하는 요인도 많을 뿐 아니라 사람마다 그 정도에 차이가 있어 사람의 행동을 미리 알기가 어렵고, 그 행동을 하기로 한 마음을 읽기는 더욱 힘들다. 그러나 사람이 함께 더불어 살아가기 위하여 그것을 알아야 한다. 사람을 사람답게 하는, 사람만이 가지는 성性을 알아 그 성에 따라 행동하여야 할 것이다.

사람이 모두 바라는 것은 모두가 제 할 일을 부지런히 하고 서로 도우며 화목하게 사는 것일 것이다. 이렇게 되도록 행동하는 것이 사람다운 행동이고, 이런 행동을 하도록 하는 것이 사람만이 가지는 고유의 성性이고, 이 성에 따라 그대로 실천하는 것이 사람의 도리라고 하겠다.

자연에는 엄격한 자연법칙이 있어 만물이 그에 따라 움직이고 변화함으로 분명하다. 그러나 사람 사는 세상에는 자기 나름대로 바라는 것이 있고, 또 능력에 차이가 있으므로 사람의 행동은 다양하고 분명하지 않다.

사람의 행동이 아무리 다양할지라도 사람들이 궁극적으로 바라는 것을 실현하는 행동이 되어야 하고, 그 행동을 하게 하는 사람만이 가지는 성에 따라야 마침내 사람들이 바라는 이상理想 세상이 나타날 것이다. 자연에는 자연법칙이 있듯이 사람 사는 세상에도 이런 행동 원칙, 또는 사람이면 반드시 따라야 하는 것이 있을 것이다. 이것을 사람의 도리, 윤리, 인도人道, 도道 등이라고 한다.

사람은 자기가 바라고 하고자 하는 것이 있지만, 그것이 이 세상을 밝게도 할 수 있고, 그렇지 않을 수도 있을 것이다. 자기가 바라고 세상도 밝게 하는 행동은 더 말할 필요도 없이 바람직하고 좋겠지만, 두 가지가 서로 어긋나는 때도 있을 것이다. 이런 경우에는 어느 것을 하여야 하는가?

사람답게 살기 위해서는 마땅히 하여야 하는 것이 있고, 그것을 실제로 하는 것은 쉬울 수도 있지만 어려울 수도 있다. 어려울 때는 마음을 다잡아 자신을 절제하여 사람의 도리를 하여야 할 것이다. 사람의 도리를 알아서 그대로 하는 것은 어렵지만 그렇게 하도록 알려주고, 깨우쳐 주고, 격려하는 것이 가르침(교敎)이다. 인류 문명이 지금과 같이 발전하게 된 것은 지식과 경험을 서로 나누고, 뒤에 오는 사람에게 가르치고 깨우쳐준 덕이다. 그러므로 가정이나 국가는 인류 사회가 더욱 발전할 수 있도록 가르침의 중요성을 높게 받들어야 할 것이다.

도道라는 것은 잠시라도 떨어질 수 없으며, 떨어질 수 있다면 도道가 아니다. 그러므로 군자君子는 보이지 않아도 매우 삼가고, 들리지 아니하여도 크게 두려워한다. 숨겨진 것보다 잘 나타나는 것이 없고, 아주 작은 것보다 잘 드러나는 것이 없다. 그러므로 군자는 혼자 있을 때도 조심한다.

道也者 不可須臾離也 可離 非道也 是故 君子 戒慎乎 其所
도 야 자 불 가 수 유 리 야 가 리 비 도 야 시 고 군 자 계 신 호 기 소

不睹 恐懼乎其所不聞 莫見乎隱 莫顯乎微 故 君子 慎其獨也
부 도 공 구 호 기 소 불 문 막 현 호 은 막 현 호 미 고 군 자 신 기 독 야

수유須臾 잠시, 잠시 동안.

계신戒慎 경계하여 조심함.

공구恐懼 심히 두려워함.

군자君子 도덕적으로 완성된 사람. 몸과 마음이 바르고 지혜로우며, 중용을 늘 행하는 사람. 이상적인 인물상. 군자와 반대되는 의미로 소인小人이 있음. 소인은 마음이 좁고 어질지 못하며, 남의 피해는 헤아리지 않고 자기 하고 싶은 것이나 좋아하는 것을 좇아 행동하는 사람. 일반적으로 사람들은 군자와 소인 사이에 있으며, 완벽한 사람을 성인聖人이라함. 사람을 도덕적 기준으로 대인大人과 소인으로 나누기도 함.

자연은 위대하다. 그 속에 무수한 생명체가 살아가고 번식하게 하는 터전이 되어준다. 자연에는 살아 있는 것도 있지만 생명이 없는 것도 있다. 생명체는 그 나름대로 살아가는, 무생물은 그 나름대로 있는 법칙이 있다. 자연에는 어느 것 하나 그 법칙에 벗어나게 행동하는 것이 없다. 무거운 것은 아래로 떨어지고, 가벼운 것은 위로 올라가는 현상은 어느 곳, 어느 때나 똑같다. 모든 살아있는 것은 생명을 유지하기 위해, 자신의 후손을 남기기 위해 최선을 다하고 있다. 이런 것이 자연의 법칙이며, 하늘의 도인 것이다. 해와 달이 움직이고 변하는 것도 이와 같다. 그러므로 도는 보이지 않고 들리지 않지만, 어느 곳, 어느 때나 있어 항상 우리 주위에 있다. 이런 자연의 도가 있는 것을 알고, 그것을 활용하는 것은 사람만이 할 수 있다. 그렇게 할 수 있는 것은 사람이 생각하는 힘, 즉 이성理性을 가지고 있기 때문이다.

자연에는 어길 수 없는 도가 어느 곳, 어느 때나 있고, 그것에 따라 만물이 움직이고 변하므로 모두 조화롭게 있거나 살아가고 있다. 사람이 사는 이 세상에도 그런 것이 있지 않을까? 사람 사는 세상에도 사람이 하여야 할 도리가 있고, 사람들이 모두 그 도리에 따라 행동한다면, 자연과 같이 조화롭고 평화로운 세상이 될 것이다. 그러므로 사람은 사람을 사람답게 하는 도를 찾아서 그에 따르도록 노력하여야 할 것이다.

사람이 따라야 하는 도는 사람이 있는 곳이면 어느 곳이나 있고, 한 사람이 있든 여러 사람이 있든 언제나 있다. 사람은 생각하는 이성을 가진 존재이다. 이것을 가지고 그 도를 찾아야 할 것이다. 그 도가 있다는 것을 알고 이해하는 것은 쉬운 일이 아니지만 복되고 평화로운 세상을 만들려면 도가 흘러넘치는 세상이 되도록 하여야 한다.

　도를 아는 것이 쉽지 않고, 그것을 행하는 것은 더욱더 어려운 만큼, 사람들이 도를 찾아 실천하는데 흔히 게을리할 수 있다. 훌륭한 사람도 항상 도를 찾아 행하려고 하지만, 늘 긴장하여 생활할 수 없으므로 혼자 있을 때 편히 있고자 하는 마음도 있다. 이럴 때 마음 깊은 곳에서 나오는 온갖 생각이 떠오르고, 때때로 사람이 어떻게 그런 생각을 하게 되는지, 자기 자신도 깜짝 놀라는 때가 있다. 한가롭고 느슨할 때, 무의식적으로 떠오르는 생각이 본능에서 우러나오는 것도 있으며, 그런 것이 꼭 사람다운 것이라고 할 수 없을 것이다. 아무리 혼자 있을 때라도 사람답지 못한 나쁜 생각이나 음모를 꾸미는 일이 나오지 않도록 마음을 다잡아야 할 것이다. 왜냐하면 아무 생각 없이 나쁜 마음을 자주 가지게 되면, 나쁜 것을 나쁘게 여기는 생각이 없어지고 실제로 나쁜 짓을 하게 될 것이다. 흉악 범죄를 그대로 보도하는 것은 이런 면에서 검토하여야 할 것이다. 항상 마음을 다잡고 어떻게 하는 것이 마땅하고 당당한지를 찾아 행동하여야 한다. 이것이 사람을 사람답게 하는 것, 이성에 따르는 것이라 하겠다. 한편, 사람은 자연의 이치와 사람의 도리를 찾아 그대로 하려고 할 뿐 아니라 보고, 듣고, 겪은 것에 대하여 기뻐하거나 가슴 아파하기도 한다. 이것역시 사람이 살아가는 데 중요한 역할을 한다.

기쁘고, 성내고, 슬프고, 즐거운 것(희로애락喜怒哀樂)이 아직 일어나지 아니한 것을 중中이라 하고, 일어나서 적합하게 되는 것을 화和라고 한다. 중中이라는 것은 세상에서 으뜸가는 근본이고, 화和라는 것은 세상에서 힘써 행하여야 하는 달도達道이다.

喜怒哀樂之未發 謂之中 發而皆中節 謂之和 中也者 天下
희 로 애 락 지 미 발 위 지 중 발 이 개 중 절 위 지 화 중 야 자 천 하
之大本也 和也者 天下之達道也
지 대 본 야 화 야 자 천 하 지 달 도 야

희로애락喜怒哀樂 사람이 느끼는 감정의 상태. 사람의 정신 활동은 이성적 사고와 자극에 따라 일어나는 마음의 현상, 즉 감정이 있으며, 사람이 살아가며 행복을 느끼는 데는 감정이 중요함. 유가儒家에서는 사람이 살아가는데 있어 이성적 사고도 중요하지만 감정도 역시 중요시하며, 즉 머리로 하는 생각보다는 가슴, 즉 마음으로 느끼는 것이 중요하다고 봄.

중中 가운데, 적당한 것 또는 알맞은 것을 의미함. 그 의미가 넓어져서 어느 때, 어느 곳에서나 알맞은 상태를 말함.

화和 둘 이상이 함께 있어도 어긋나지 않고 잘 어울리는 것.

달도達道 어느 곳, 어느 때나 두루 통하는 도道.

사람의 느낌, 즉 감정에는 여러 가지가 있다. 사람 마음의 미묘한 느낌을 제대로 다 나타내기는 어렵고, 보통 네 가지 또는 일곱 가지로 분류한다. 네 가지는 기쁘고, 성내고, 슬프고, 즐거운(희로애락喜怒哀樂) 것이고, 일곱 가지는 기쁘고, 즐거운 것은 비슷한 것으로 하여 하나로 묶고, 거기다 두려움, 사랑, 싫어하는 것, 바라는 마음을 더한 것(희로애구애오욕喜怒哀懼愛惡慾)이다. 이런 감정 이외에도 그리움, 부끄러움, 질투, 원망, 권태, 감동, 만족감, 성취감 등이 있다고 하니, 그만큼 사람의 느낌이나 감정은 미묘하다고 하겠다.

사람만이 가지는 이성을 잘 활용하는 것이 사람다운 삶을 살아가는 것이라고 하겠으나, 실제로 살아가다 보면 이성보다 감정이 더 중요하게 느껴질 때도 있다. 사람들이 서로 어울려 사는 데는 감정이 중요하다. 물론 지나치게 감정을 나타내는 것을 이성으로 자제하기도 하고, 감정으로 이성이 제대로 판단하지 못하도록 방해하기도 한다. 이렇게 감정과 이성은 서로 영향을 주고받지만, 일상생활에서 행복감을 느끼게 하는 것은 이성보다 감정이 더 크게 영향을 미치고 있다. 그러므로 평소 좋은 감정을 갖도록 하는 것이 필요하고, 그런 감정을 가지도록 노력하여야 한다.

감정은 우리 마음에서 일어나며, 밖에서 자극하면 그에 따라 마음이 반응하여 감정이 일어나게 되는데, 아직 감정이 일어나지 않은 상태는 아직 외부로부터 자극이 없는 것이고, 감정이 아직 일어나지 않았지만 일어날 수 있는 준비된 상태라고 하겠다. 이를 중中이라 한다. 왜 이런 상태를 중이라고 하는지는 자기 나름대로 해석이 가능한 것으로 보이며, 감정이 일어나거나 드러나지 않았지만 앞으로 일어나거나 드러날 가능성을 품고 있다고 보아 중이라고 한다고도 할 수 있다. 모든 것이 가능하고 사람의 행복에 크게 영향을 주는 것이므로, 세상의 가장 큰 줄기 또는 근본이라고 하였다.

감정이 밖으로 드러나면 자기의 내면의 느낌을 밖으로 나타낸 것이라고 할 수 있고, 이것은 또 상대를 자극하여 느낌이나 감정을 가지게 한다. 서로가 감정을 주고받을 때, 서로 이해하고 받아주면 평안한데, 그것이 지나치면 서로의 관계를 서먹하게 하거나 나쁜 방향으로 이끌기도 한다. 스포츠 경기에서 이긴 사람이 기쁨을 적절하게 나타내면 그것도 하나의 볼거리가 되지만, 지나치면 오히려 비난을 받게 된다. 감정을 일으키는 행동도 좋아야 하지만, 그것을 받아들이는 감정도 알맞아야 사람 사이가 좋아진다. 감정을 알맞게 나타내는 데는 절제가 필요하며, 감정을 적절히 나타내는 것은 사람과의 관계를 원만하게 하여, 함께 살아가게 하는 힘이 되기 때문에 화和라고 하고, 힘써서 행하여야 하는 달도達道라 한다.

중화中和의 지극한 곳에 이르면, 하늘과 땅이 모두 제자리에 있고,
만물이 제대로 잘 자란다.

致中和 天地位焉 萬物育焉
치 중 화 천 지 위 언 만 물 육 언

천지天地 하늘과 땅. 사람이 사는 세상을 뜻하기도 하고, 만물이 사는 대자
　　연大自然을 의미하기도 함. 천하天下라고 할 경우 복잡한 인간 세상을 의
　　미함.

중화中和 자연과 만물과 사람이 모두 어울러 평화롭게 사는 세상. 유가에
　　서 말하는 이상理想 세계로, 낙원, 극락極樂인 세상.

위位 자리, 위치 또는 직위. 자연 속에 있는 만물은 본성과 그에 따른 자리
　　나 역할이 있다고 봄.

　　살아있는 현재의 세상을 바람직한 세상이 되도록 하자는 주장
도 있고, 이 세상은 사악한 인간들이 사는 세상이므로 바람직한
세상으로 만들기는 불가능하다고 하여, 선택된 사람만이 구제되
어 낙원인 저세상에서 영원히 살 수 있다는 가르침도 있다. 어느
것이 더 나은 주장인가? 이 질문은 영원히 풀 수 없는 질문이다.
이 질문은 사람의 영혼이 있는가? 사람이 죽고 난 뒤 가는 저세상

은 정말로 있는가? 하는 질문과 관련되어 있고, 그 답을 구할 수 없을 것이다.

종교를 믿든 아니하든 대부분 사람은 현재 있는 이 세상이 더 나은 세상이 되기를 바라고, 그렇게 되도록 노력해 왔다. 이런 노력의 결과로 과학기술이 발달하였고, 지금의 풍요롭고 다양한 세상이 만들어졌다. 풍요로운 세상이지만 빈부 격차, 인종과 종교 간의 갈등, 전쟁은 여전하며, 국제기구나 강대국의 지도자가 문제를 해결하고자 하지만 쉽게 해결될 것 같지 않다. 왜 세상이 이렇게 되었을까? 현실에서 사람들이 바라는 평화로운 세상을 이루는 것은 불가능한가?

까마득하게 높은 진리를 탐구하는 것이나 어려운 수행을 감내하며 사람다운 행동의 원리나 법칙을 찾고자 한 것은 모두 사람이 사람답게 사는 세상을 만들기 위한 방법을 찾고자 하여 한 것이다. 사람 사는 세상에서 무엇보다도 중요한 것은 먹고, 입고, 자는 것이 그런대로 이루어지고 마음 편히 사람들이 오손도손 어울려 사는 것이다. 이상을 추구하는 것도 좋지만, 현재 인간이 요구하는 기본적 욕구는 우선 충족되어야 한다. 인류 역사를 되돌아보면, 이런 세상을 만드는 것은 불가능하지는 않았다고 보인다. 그런 세상이 비록 무력에 의한 통일이나 평정이 이루어지고 난 뒤, 훌륭한 정치 지도자가 통치하는 동안 이루어졌다. 주나라 성강의 치(B.C. 1043~B.C. 996), 당나라 정관의 치(627~649), 청나라의 강옹건 성세(1661~1795), 로마제국의 팍스로마나 시대 등이 그런 시대라고 할 수 있으며, 우리나라에서는 조선의 세종의 치세(재위 기간 1418~1450)가 높이 평가되고 있다. 이런 시대의 공통점은 혼란이 극치를 이룬 뒤 무력으로 난이 진압되거나 통일이 이루어졌고, 그 뒤를 이은 훌륭한 군주가 널리 인재를 구하여 씀으로 문물을 발달시키고 제도를 정비하였다.

이런 태평성대보다 더 나은 세상이 중화 세상이다. 사람은 사람이 하여야 할 도리를 다하고 살아가며, 여러 일을 겪더라도 감정을 적절히 나타내어 다투거나 분란을 일으키지 않는 세상이다. 이런 세상은 비록 사람이 사는 세상이지만, 자연이 사람을 비롯한 만물을 품고, 만물은 살아 있는 것이든 그렇지 않은 것이든 모두 제자리에 있고 제 할 일을 하며, 위대하고 광활한 자연 속에서 어울려 평화롭게 살아가는 것이다. 사람과 만물과 자연이 모두 어울려 함께 사는 세상이다. 이것이 바로 사람이 바라는 이상 세계, 즉 중화中和의 세계인 것이다.

제2편

중용中庸의 도道

사람의 도리를 제대로 잘하려면, 먼저 자연의 법칙과 사람
이 살아가는 이치를 알아야 하고, 바르고, 옳고, 마땅한 것
을 행하는 데 비록 어려움이 있더라도 참고 견디며 힘써서
하여야 한다.

제2장

군자君子는 중용中庸을

중니仲尼(공자孔子)께서 말씀하시었다. "군자君子는 중용中庸을 행하고, 소인小人은 중용에 어긋나게 행동한다. 군자가 중용을 행하는 것은 군자답게 행동하고, 그것도 때에 맞게 하며, 소인은 중용을 행하는 체하지만 소인다운 짓을, 그것도 아무 거리낌 없이 한다."

仲尼曰 君子 中庸 小人 反中庸 君子之中庸也 君子而時中
중니왈 군자 중용 소인 반중용 군자지중용야 군자이시중
小人之(反)中庸也 小人而無忌憚也
소인지 반 중용야 소인이무기탄야

중니仲尼 공자(B.C. 551-479)의 자字(장가간 사람을 본 이름에 대신하여 부르는 이름). 공자의 이름은 구丘. 유가사상을 처음 주장한 사람으로, 성인聖人

으로 존중받음.

중용中庸 어느 쪽으로나 치우치지 않고, 지나치거나 모자람이 없이 알맞은 것을 늘 행하는 것. 유가의 덕목 중 높은 덕목으로의 하나로 평가. 어진 행동을 하더라도 때에 맞지 않거나 지나치면 평가받을 수 없으며, 어진 행동이 때와 장소에 알맞은 것을 중용이라고 하니, 어떤 덕목보다 더 높은 가치가 있는 행동 규범 또는 덕목이라고 할 수 있음. 중용은 실천하여야 하는 덕德으로 일반화하여 도道라고도 함. 그 구체적인 내용은 유가 경전의 하나인 "중용中庸"에 실려있음.

사람이 이 세상을 중화의 세상으로 만들려면 마땅히 하여야 할 행동이 있다. 이것이 바로 중용中庸이다. 중용의 중中은 단순히 가운데를 의미하는 것도 아니고, 적당히 하는 것도 아니며, 아주 깊은 뜻이 있다. 몇 마디의 말로 정의할 수 없다.

이 책 "중용"은 전체가 중용에 대하여 설명하고 있다. "중용"을 거듭 읽고 뜻을 새긴다면, 중용의 참뜻에 가까이 가게 될 것이다. 여기서는 우선 주희가 내린 정의를 참고하고자 한다.

송나라 때 주자朱子(이름 주희朱熹, 1130~1200)는 "중中"이란 것은 치우치지도 기울어지지 않고, 지나치거나 모자라지도 않는 것을 말하는 것이고, "용庸이란 것은 평범한 일상을 뜻한다."라고 하였다.

사람은 여러 부류가 있다. 지혜롭고 마음도 넉넉하여 남을 잘 이끌어, 모두 함께 기쁘고 즐겁게 살아가도록 하는 사람이 있는 가 하면, 자기밖에 모르고 남에게 조그마한 배려도 하지 않고, 사람이 모인 자리에서 항상 말썽을 일으키는 사람도 있다. 앞의 사람을 군자라 하고 뒤의 사람을 소인이라 한다.

소인이라고 불리는 사람도 사람인지라 남으로부터 인정받고 칭찬받기를 바라며, 겉으로는 군자답게 보이기 위해 말이나 행동을 하지만, 그것은 소인 나름의 말과 행동이지, 다른 사람에게는 그렇게 받아지지 않을 때가 많으며, 이런 사람은 사람으로서 차마 못 할 일을 하는 때도 있다. 이에 반하여 군자는 남을 이해하고, 포용하고, 배려하여 함께 어울려 살아가도록 하며, 그것도 때에 맞게 한다. 아무리 남을 위한 행동이라도 때가 맞지 않으면 그 행동이 오히려 폐가 될 수도 있다. 배고픈 사람에게 배가 고플 때 먹을 것을 주고, 도움이 필요한 사람에게는 필요한 도움을 필요할 때 주어야지, 그때를 놓치면, 비록 올바르고 착하고 배려하는 행동도 빛을 잃게 된다.

어떤 행동이 바람직하고 사람다운 행동인가?에 대하여 여러 사상가가 나름의 주장을 말하였다. 어떤 행동을 하려고 한 그 마음이 옳으면, 즉 그 동기가 좋으면, 비록 그 결과가 좋지 않더라도 그 행동을 바르고 옳다고 보아야 한다는 주장과 그 동기는 어떠하든 그 결과가 좋아야 한다는 주장이 있다. 중용은 동기도 좋아야 할 뿐만 아니라 그 행동도 때에 맞게 하여야 하고, 그 결과도 역시 좋아야 한다고 하였다. 다른 어느 주장보다도 행동에 대한 평가 기준이 다차원적이고 엄격하다고 하겠으며 그만큼 행하기가 어렵다고 하겠다. 유가는 어떤 사상보다 사람의 행동을 평가할 때, 여러 관점에서 평가한다고 하겠다.

◆◆◆

제3장

중용은 정말 지극하구나!

공자께서 말씀하시었다. "중용은 매우 지극하구나! 중용을 잘 행하는 사람이 드문지가 오래되었구나!"

子曰 中庸 其至矣乎 民鮮能久矣
자 왈 중 용 기 지 의 호 민 선 능 구 의

지至 이르다, 도착하다의 뜻으로 쓰이나, 여기서는 지극하다를 의미함.
선鮮 깨끗하다, 곱다는 것을 뜻하나, 여기서는 드물다는 것을 의미함.

중화의 세상을 만드는 것이 중용이므로, 모든 사람이 중용을 항상 행하다면 이 세상은 이상 세계가 될 것이다. 그러나 사람은 중용을 쉽게 행할 수 없다.

　중용은 한 사람이 있든, 여러 사람이 있든 그것에 관계없이, 그때, 그 장소에서 가장 바람직한 행동이므로 중용을 행하려면 고려하여야 할 사항이 많이 있다. 더구나 그때만 좋아야 하는 것이 아니라 앞으로 상황이 변하여도 그 결과가 역시 좋아야 하므로, 중용에 합당한 행위는 알기도 힘들고 행하기도 어렵다. 중용을 잘 행할 수 있는 사람은 드물다고 하겠다. 만일 훌륭하게 중용을 잘 행할 수 있는 사람이 나타나면, 그 사람의 지혜와 인격에 모든 사람이 감화되어 믿고 따르므로, 세상 사람들이 갈망하는 이상세계, 중화 세상이 될 것이다. 공자께서는 요임금, 순임금과 우임금 세 분을 훌륭한 임금으로 보았으며, 특히 순임금을 높이 받들었다.

　순임금은 빈천한 집안에서 태어났으며, 아버지는 장애인이고, 계모와 배다른 동생과 함께 살았는데, 이들이 순임금을 구박할 뿐만 아니라 모의하여 죽이려고 하였음에도 불구하고, 부모에게 효도하고 집안을 화목하게 이끌어 나갔다. 이런 소문을 들은 요임금이 그의 두 딸을 순임금에게 시집보내, 그 자질과 인격을 시험하였는데, 순임금이 소문과 같이 훌륭한 사람인 것을 알고는, 임금 자리를 비록 비천한 집안 출신이지만 순임금에게 물려주었다. 순임금은 요임금의 기대대로 나라를 잘 다스렸고, 임금의 자리도 자식이 아닌 우임금에게 선양하였다.

출신이 비천할지라도 중용을 잘 행하는 훌륭한 사람이 있다면, 순임금과 같이 임금 자리에 올라 나라를 잘 다스려 귀천, 빈부에 관련 없이 모두가 잘 살 수 있을 것인데, 그런 사람이 나타나지 않고 있다. 나라가 풍요롭고 평안하게 되기 위해서는 임금과 제후와 같은 통치자의 역할이 중요하며, 훌륭한 사람이 있으면 비록 빈천한 집안에서 태어난 사람이라도 임금이 되는 세상이 되어야 한다. 그런 훌륭한 사람이 나타나지 않은 지가 오래되었고, 지금은 중용을 잘 행하는 임금이 없어서 주나라는 혼란한 춘추시대가 된 것이다. 모든 사람이 순임금과 같은 성군이 나타나시길 기대한다. 비천한 사람도 훌륭하면 왕이 되는 세상, 그런데 그런 사람이 나타나지 않고 있다.

◆◆◆

제4장

도道가 행하여지지 않는 까닭을

공자께서 말씀하시었다. "도가 행하여지지 않는 까닭을, 나는 알겠다. 안다고 하는 사람은 지나치고, 어리석은 사람은 미치지 못하기 때문이다. 도가 밝게 비치지 않는 까닭, 나는 알겠다. 어질고 똑똑하다고 하는 사람은 지나치고, 못나고 어리석은 사람은 미치지 못하기 때문이다.

子曰 道之不行也 我知之矣 知者 過之 愚者 不及也 道之不
자왈 도지불행야 아지지의 지자 과지 우자 불급야 도지불

明也 我知之矣 賢者 過之 不肖者 不及也
명야 아지지의 현자 과지 불초자 불급야

지자知者 우자愚者 지적 수준에 따라 사람을 구분. 지자는 아는 것이 많은

사람. 우자는 아는 것이 부족한 사람.

현자賢者 불초자不肖者　사람을 도덕 수준에 따라 구분. 어질고 현명한 사람을 현자賢者라 하고, 모자라는 사람을 불초자不肖者라 함. 불초소생不肖小生은 부모나 스승보다 못하다고 여겨, 자신을 낮게 부르는 말.

　사람이 무엇을 할 것인가를 결정하고 실제로 행하는데 영향을 미치는 것은 지식과 지혜, 도덕성, 근면성, 적극성 등이 있다. 그 중 가장 큰 영향을 미치는 것은 아마 지식과 지혜 및 도덕성일 것이다. 중용을 잘 행하는 데는 자연에 대한 지식, 사람이 살아가는 도리를 알아야 하고, 남을 이해하고 배려하는 마음을 갖고 있어야 하고, 일할 때 마주치는 어려움을 현명하게 헤쳐나가는 능력이 있어야 한다.

　안다고 하는 사람은 다른 사람이 자기보다 아는 것이 적다고 얕잡아보아 그들의 의견을 무시하는 경향이 있으며, 이렇게 되면 사람들의 호응을 받아 일을 추진할 수 없고, 어리석은 사람은 아예 어떻게 할지를 모르니 아무 것도 할 수 없다. 훌륭한 임금은 앞으로 할 일을 모두가 잘 이해할 수 있도록 설명하고, 그들이 의견을 제시하면 귀담아듣고 좋은 점은 반영하여 공감대를 형성하도록 하였다.

문명의 발달 수준에 따라 바라는 덕목德目과 그 수준도 다르다. 빈곤에 허덕이는 사회는 먹는 문제를 해결하는 것이 시급하고, 넉넉하고 풍요로운 사회는 도덕성을 구현하는 문화행사나 사회운동이 필요하다. 그 나라에 맞는 것을 선택하여 행하여야 하지, 그러하지 않으면 호응도 없을 뿐만 아니라 거부반응이 일어날 수 있다. 저개발국가에서 인류애를 추구하려는 것보다 사람이 먹고사는 문제를 먼저 해결하도록 해야 한다. 인류애가 가치가 더 높은 덕목일지라도 민생보다는 앞설 수 없는 것이다. 너무 높은 가치를 좇는 것은 지나친 것이 될 것이고, 그렇다고 여유가 있으면서 인색하게 처신하는 것은 모자라는 것이라 하겠다. 지나친 것도 모자라는 것도 모두 그때, 그 장소에서 가장 적합한 중용에 벗어나서 적절하지 않으므로 그런 점에서는 같다고 하겠다.

지나친 것은 모자라는 것과 같다!

먹고 마시지 않는 사람은 없지만, 그 맛을 제대로 아는 사람은 드
물다."

人莫不飲食也 鮮能知味也
인 막 불 음 식 야   선 능 지 미 야

사람이 늘 먹고 마시듯이 항상 생각하고 할 것을 정하여 행동
한다. 음식을 먹을 때, 그 맛을 알고 즐기면서 먹으면, 먹는 것이
더 즐거울 것이다. 사람이 행동하면서 그 행위의 뜻과 그 결과를
예측하여 행동한다면, 사는 것이 더 즐거울 것이다.

특히 중용을 잘 행하여 마음으로 얻는 만족감이나 행복감을 즐
긴다면, 더욱더 중용을 잘 행하고자 하는 마음이 생기고 그 의지
가 굳어질 것이다. 음식 맛을 즐기듯이 중용을 행하는 맛도 즐길
수 있어야 한다.

◆◆◆

제5장

도道가 행하여지지 아니하구나!

공자께서 말씀하시었다. "아! 도道가 행하여지지 아니하구나!"

子曰 道其不行矣夫
자 왈 도 기 불 행 의 부

도기불행의부道其不行矣夫 도가 행하여지지 않아 나라가 혼란한 것을 매우
한탄함. 매우 강조하여 말함.

공자가 살던 춘추시대는 주나라 왕실의 권위는 떨어졌고, 각
지역의 제후들은 자기 영역을 넓히기 위하여 이웃 제후국을 침범

하거나 재제하였으며, 대신들이 자기 군주를 몰아내고 제후 자리를 차지하거나 세력을 과시하여 제후를 무시하기도 하였으며, 심지어 권력을 장악하기 위하여 아버지를 내치거나 살해하는 일도 있었다. 제후들은 주나라 왕실과 주나라를 세우는데 공을 세운 공신들의 후손이어서 건국 초기에는 그 관계가 잘 유지되어 나라 전체가 안정되어 발전하였지만, 긴 세월이 흘러 제후들 사이의 인간적 유대 관계가 희미하여짐에 따라 제후 간의 세력 다툼이 심해지기 시작하였다. 제후들은 주나라 왕실에 대한 의무도 이행하지 않고 살아남기 위해 독자적으로 세력을 키우는데 전력을 다하였다.

이런 난세를 해결하기 위하여 여러 주장이 나오기 시작하였고 학파가 형성되었다. 각 학파는 인재를 양성하여 나라를 다스리는데 필요한 인재를 공급함으로 제후가 나라를 부강하게 하는 데 활용하도록 하였다. 이런 여러 학파를 제자백가諸子百家라 하며, 공자를 따르는 일파를 유가儒家라 하였다.

공자께서는 요, 순, 우임금과 같은 군자다운 임금, 즉 성군聖君이 나오면 이런 난세를 평정할 수 있을 텐데 하며, 그런 인재가 나오지 않아 세상이 어지러운 것을 한탄하였다. 그러면 공자께서는 사람이 사는 이 세상은 중화의 세상이 될 수 없다고 보았을까? 그렇지는 않았다. 공자께서는 자기가 주장하는 덕치가 잘 이루어져 천하를 안정시키고자 각국을 돌아다니면서 제후를 설득하려고 하였지만 성공하지 못하였다. 고향으로 돌아와 후학 양성에 노력하였으며, 후학 중 훌륭한 인재가 나와서 세상을 잘 다스리기를 기대하였다.

　공자께서는 임금이나 제후의 중요성을 강조하였고, 먼저 나라를 다스리는 사람이 수신하여 바르게 생각하고, 바르게 행동하면, 즉 중용을 잘 행하면 신하와 백성들이 모두 본받는다고 하였다. 임금이나 제후들이 어떻게 하는 것이 자신을 닦는 것인지를 말하면서 인간의 본성, 자연의 이치에 대하여 말하였다. 인간의 본성과 자연의 이치를 알아야 사람과 만물과 자연이 다 함께 조화롭게 살아가도록 하는 방법을 알 수 있고, 또 실제로 행할 수 있다고 보았다. 중용을 잘 행하는 성군이 나오기를 기대하는 것은 모든 사람의 바람일 것이다.

　공자의 이론은 통치에 관한 것이지만, 통치를 잘하려면 사람의 본성, 자연의 이치 등을 잘 알아야 하는데, 사람을 있는 대로 보는 바탕에서 하여야 할 행동을 제시하여 보편성과 일반성이 있어 시대나 지역에 관련 없이 널리 받아지고 있다.

제6장

큰 지혜를 가지시었구나!

공자께서 말씀하시었다. "순舜임금께서는 큰 지혜를 가지시었구나! 순임금께서는 묻기를 좋아하고, 가까이 있는 하찮은 말도 살피기를 좋아하시었다. 싫어하는 것은 덮어주고, 좋아하는 것은 드러나게 하시었다. 싫어하는 것과 좋아하는 것을 모두 살펴보고, 그 가운데 적합한 것을 골라 사람에게 쓰시었다. 이것이 바로 순임금이 되신 까닭이다."

子曰 舜其大知也與 舜好問而好察邇言 隱惡而揚善 執其兩
자 왈 순 기 대 지 야 여   순 호 문 이 호 찰 이 언   은 오 이 양 선   집 기 양

端 用其中於民 其斯以爲舜乎
단   용 기 중 어 민   기 사 이 위 순 호

대지大知 선천적으로 똑똑할 뿐만 아니라 후천적으로 배우고 익혀 지혜로

운 사람으로 모든 하는 일이 바르고 마땅한 사람. 사람이 사람으로서 살
아가는 데 가장 중요한 것 중의 하나가 지혜와 지식을 갖는 것임.

오惡　악할 악, 또는 싫어할 오. 악惡은 주로 좋고, 착함과 나쁘고 바르지 못
함을 나타내는 선악善惡으로 쓰이나, 악惡을 오로 읽으면 그 의미가 싫
어하거나 미워하는 것을 의미함. 좋아하거나 싫어하는 것(선오善惡)이
점점 착하거나 나쁜 것(선악善惡)으로 그 의미가 굳어져 사람의 행동을
선악으로 양분하는 경향이 있음.

　　중용은 어느 때, 어느 장소에나 가장 알맞을 뿐만 아니라 미래
상황이 바뀌어도 그 결과가 좋아야 하므로 중용을 제대로 잘 행
하기가 쉽지 않다. 사람의 행위는 자기에서 시작되지만 남에게
영향을 미치는 경우가 많으므로, 자기에 대하여 알아야 할 뿐만
아니라 다른 사람도 알아야 하고, 현재 상황도 잘 파악하여야 할
뿐 아니라 앞으로 상황이 어떻게 바뀔 것인지 예측하여 고려하여
야 하고, 일을 하려고 하면 동감하여 적극적으로 협조하는 사람
도 있지만 마지못해 따라오는 사람도 있고 격렬하게 반대하는 사
람도 있을 수 있으므로, 이런 사람들을 모두 설득하여 함께 하여
야 하므로 불가능하다고 할 정도로 중용을 잘 행하기가 어렵다.
그것도 한때가 아니고 늘 그렇게 하여야 하니 여간 어려운 일이
아니다. 공자 같은 성인도 하기 어렵다고 하니 중용을 잘 행하는
사람은 드물 수밖에 없다.

중용을 잘 행하여 나라를 다스린 순임금(생몰 기간 미상, 재위 기간 약 39년), 공자의 제자로서 인격과 학문이 가장 높았던 안회 顔回(자는 자연子淵, B.C. 514~B.C. 483), 용감한 것을 좋아하였던 공자의 제자인 자로子路(본명은 중유仲由, 무인武人, B.C. 542~B.C. 480) 등의 사례를 통하여 중용을 잘 행하는 방법을 알게 하였다.

순임금은 공자가 가장 훌륭하게 본 임금 중의 한 분이다. 순임금은 비천한 집안에서 태어났으나 인품이 훌륭하고 능력이 뛰어나 임금이 되었지만, 지극히 공손하여 항상 낮은 자세로 주위를 살피고, 싫은 사람도 비난하지 않고 그 의견을 들어보았다. 임금이면서 아랫사람이 하는 싫은 말이나 하잘것없는 소리를 다 듣는다는 것은 매우 힘들다. 대체로 윗자리에 있는 사람은 일방적으로 지시하려고 하지 아랫사람의 의견을 잘 들으려고 하지 않는다. 남을 알기 위해서는 조금이라도 의문이 있으면 묻는 것을 주저하지 않았고, 앞에서 직접적으로 하지 못하고 흘러가는 소리로 말하는 것도 귀담아들어 그 진심을 파악하고자 하였다.

들은 말 중에 합당하다고 생각되는 것도 있고, 나라보다는 자기나 자기가 속한 집단의 이익만을 생각하는 것도 있지만, 이런 모든 의견을 듣고 그 가운데서 가장 적합하다고 판단되는 것을 선택하여 백성들에게 사용하였다. 임금의 자리에 있으면서도 권력을 휘두르는 것이 아니라 겸손한 자세로 듣고 최선의 방안을 선택하여 실행하니, 백성들이 어찌 따르지 않을 수 있겠는가! 순임금은 늘 그렇게 하신다고 백성들이 믿으니, 순임금이 하시는 일이 안 이루어질 수 없었다.

사람의 행위를 선악善惡으로 이분하여 판단하기는 어렵다. 좋다(선善)와 싫다(오惡)로 구분하는 것이 아니라, 착하다(선善)와 나쁘다(악惡)로 구분하면 남과 타협의 여지가 없어진다. 어떻게 바르지 않고 나쁜 것을 받아들일 수 있겠는가? 싫다면 남의 의견을 듣고 조금 양보할 수 있지만, 바르지 않고 나쁘다 한다면 받아들일 수 없는 것이다. 사람은 모두 자기 나름대로 합당하거나 옳다고 생각하여 행동한다. 그것이 비록 자기만을 위한 것이라도 악으로 판단하면 타협의 의지가 없어지고 다툼과 분쟁만 있게 된다.

선악으로 구분하기 위해서는 기준이 있어야 하는데, 사람마다 그 기준이 다를 수 있으며, 자기만을 위한 행위도 조금은 바르고 옳은 점이 있다고 하겠다. 선악으로 구분하게 된 것은 유일신을 믿게 되면서이다. 신을 따르는 것은 선이요, 그에 반하는 것은 악으로 정의하였는데, 사람의 행위를 그렇게 단정적으로 보는 것은 함께 살아가야 하는 사람들 사이에는 바람직하다고 할 수 없다.

누가 보아도 명백하게 잘못된 것일지라도 그 사람의 처지에서 다시 생각해 보고, 왜 그렇게밖에 할 수 없었을까? 하여 사정을 보아, 그 사람을 우선 이해하려고 해야 할 것이다. 순임금은 그렇게 하셨다.

순임금은 항상 중용을 잘 행하는 성군이라고 모든 백성이 믿으니, 백성들이 자기 의견과 다를지라도 순임금께서 하시는 일이 바르고 옳다고 믿었고, 그 뜻에 따르니 일이 제대로 될 수밖에 없었다. 순임금과 같이 되기 위해서는 사람을 알고, 상황을 알고, 자연의 변화를 알아야 하므로 큰 지혜를 가져야 한다.

◆◆◆

제7장

모두가 안다고 하지만

공자께서 말씀하시었다. "사람들은 모두 '나는 안다'라고 하지만, 그물, 덫과 함정에 몰아넣어져도 피할 줄 모른다. 사람들은 모두 '나는 지혜롭다'라고 하지만, 중용을 골라서 한 달도 지키지 못한다."

子曰 人皆曰 予知 驅而納諸罟擭陷阱之中而莫之知辟也
자왈 인개왈 여지 구이납저고화함정지중이막지지피야
人皆曰 予知 擇乎中庸而不能期月守也
인개왈 여지 택호중용이불능기월수야

인개왈人皆曰 여지予知 모든 사람이 자기가 안다고 해석할 수 있고, 또는 사람들이 공자가 많이 안다고 해석할 수 있는데, 여기서는 모든 사람이 안다는 것으로 해석함.

사람은 생각하고 판단하여 자기가 할 행동을 결정하여 실행한다. 다른 동물은 단지 본능에 따라 행동할 뿐 자기가 하는 행동이 바른지, 옳은지를 판단할 능력이 없다. 선택하고 결정할 여지가 있다는 것은 자유가 있다는 것을 의미한다. 사람은 의도를 가지고 행동한다. 그것이 자기를 위한 것이든 남을 위한 것이거나, 단순히 시간을 보내기 위한 것이거나, 즐거움을 얻고자 하는 것이든 대부분의 행동은 그렇게 하도록 하는 의지가 그 뒤에 있다. 물론 무의식적으로 하는 행동도 있지만, 대부분의 행동은 의식적으로 한다. 모든 행동을 할 때, 그 결과가 어떨지도 고려한다.

얼핏 보면 사람들은 언제나 바르게 행동하는 것 같고, 그 행동을 하는 이유와 목적이 명확하게 알고 하는 것 같이 보인다. 남이 말하는 것을 듣거나 뽐내는 이야기를 들을 때도, 모든 것을 아는 것 같이 보인다. 그러나 실상은 그렇지 않다. 특히 뽐내고 자랑하는 사람이 헛된 짓을 하는 경우를 자주 본다. 증원 투자 전문가라고 하는 사람이 실패하였다는 소문과 건강 전도사가 급사하였다는 소식을 흔히 듣는다.

자기의 행동의 결과를 모르고 하는 사람도 있고, 그 결과가 어떻게 될지를 뻔히 알면서도 벗어나지 못하여 계속하는 사람도 있다. 모르면 배워서 고쳐 나갈 수 있는데, 알면서도 벗어나지 못하고 잘못을 계속한다면 해결 방법이 쉽게 나오지 않는다. 이런 것은 나쁜 습관, 약물이나 사상에 중독, 사교에 빠진 광신도들의 믿음에서 나온다. 이런 잘못에 빠져나오려면, 먼저 아는 것을 명확히 하고, 명확히 알게 된 것을 착실히 실행하여야 할 것이다. 수렁에서 벗어나려면, 명확한 앎과 굳센 의지가 있어야 한다.

　사람이 남과 어울려 살아가려면, 사람이 하여야 할 도리가 있으며, 그것이 바로 중용이다. 중용을 잘 행하면 자기뿐만 아니라 남에게도 두루 좋은데, 그런대도 중용이 잘 행하여지지 않고 있다. 당장 눈앞의 이익이나 자기희생, 또는 행하기 어려움으로 중용을 잘 행하지 않고 있는데, 자기와 자기가 몸을 담고 있는 사회를 위해서는 비록 힘들지만 중용이 널리 행하여질 수 있도록 하여야 한다. 지금 노력하지 않으면, 반드시 앞으로 걱정거리가 생길 것이다.

◆◆◆

제8장

조그마한 좋은 점이라도

공자께서 말씀하시었다. "안회顔回의 사람됨은, 중용을 골라서 조
그마한 좋은 점이라도 얻으면, 그것을 정성스럽게 가슴에 새겨 잃지
않는 것이다."

子曰 回之爲人也 擇乎中庸 得一善則拳拳服膺而弗失之矣
자 왈 회 지 위 인 야 택 호 중 용 득 일 선 즉 권 권 복 응 이 불 실 지 의

회回 안회顔回(B.C. 521~B.C. 490). 자는 자연子淵으로, 공자의 수제자.

권권拳拳 두 손을 공손히 쥐고 겸손하게 있는 자세.

공자의 제자는 3,000여 명이 되며, 그 가운데 각 분야에 뛰어난 사람이 있었다. 학문에 깊은 사람, 인격이 훌륭한 사람, 말을 잘하는 사람, 남을 잘 다루어 함께 잘 어울려 사는 사람, 죽음을 두려워하지 않는 용감한 사람. 제자 중에 가장 뛰어난 사람이 안회이다. 안회는 학문도 깊고 배워서 아는 것을 그대로 실천하여 공자의 수제자가 되었지만, 젊은 나이에 죽어서 선생인 공자께서 한탄하였다.

　　안회는 가난한 집안에서 태어났지만, 공자의 제자가 된 후 공자의 사상을 제대로 이해하고 습득하였을 뿐 아니라 몸소 실천하였다. 공자께서 조용한 안회를 보고 아는 것이 없어서 그렇게 행동하는가? 하고 의심하여 그의 말과 행동을 자세히 살펴보았다. 안회는 공자의 주장과 이론을 이해하여 깊이 알고 있을 뿐만 아니라 조금도 그에 벗어나지 않고 조용히 그대로 행하였다. 공자께서는 이런 사실을 안 뒤 안회를 높이 평가하고 그의 수제자로 삼았다.

　　공자께서는 "어질다! 안회여! 대나무 그릇의 밥 한술, 표주박의 물 한잔, 그리고 누추한 곳의 삶. 사람들은 그 근심을 견디지 못하는데, 안회는 그런 삶을 즐기고, 그 즐거움을 조금도 바꾸려 하지 않는구나. 어질다! 안회여!(논어 옹야)"라고 하였다. 가난을

편히 여기고, 도를 닦는 것을 즐기는 것을 안빈낙도安貧樂道라 하
는데, 그런 경지에 이른 사람을 말할 때 떠오르는 인물이 바로 안
회이다.

현대는 물질문명이 발달한 풍요로운 사회다. 입고 있는 옷이나
들고 있는 가방, 손목에 찬 시계나 타고 다니는 승용차, 사는 지역
이나 아파트 평수 등으로 사람을 평가하곤 한다. 그러니 그런 것
을 가지려고 조금도 거리낌이나 주저 없이 행동한다. 가지려고
한 것을 가지게 되면 만족할 줄 알았는데, 만족은 잠시뿐이고 더
가지려고 하는 마음이 생겨난다. 채우지 못한 것을 채우기 위하
여 더욱더 거리낌 없이 용감하게 행동하게 되며, 그 굴레에서 벗
어나지 못하고 있다. 물질적 만족은 한이 없지만, 정신적 만족은
그 만족감이 더 충실하고, 얻는 기쁨이나 즐거움은 더 크고 오래
간다. 언제, 어디서나 즐길 수 있고, 혼자 있을 때도 즐길 수 있으
며, 즐기면 즐길수록 그 크기는 커지고 두터워진다. 어느 만족을
얻으려고 할 것인가?

사람은 가지고자 하는 것은 재물뿐만 아니라 권력과 명예도 있
다. 이런 것에 대한 욕망은 한정이 없고, 가지면 가질수록 더 가
지려고 한다. 이런 것을 가지려고 하지 않고, 더 가치 있는 것을
구하는 삶도 있다. 자기 이익을 버리고 사회에 공헌하는 자원봉

사나 기부행위, 자기 목숨을 희생하여 남의 생명을 구하는 의로운 죽음, 최고의 진리를 탐구하려는 연구 활동, 사람의 마음을 달래주는 훌륭한 음악을 작곡하거나 연주, 사람을 감동하게 하는 그림이나 조각의 제작, 함께 어울려 살아가는 세상을 만들고자 하는 진정한 정치 활동, 이상 세계를 이룩하고자 하는 종교 활동. 이런 활동에서 얻는 기쁨과 즐거움은 가진 것에서 얻는 기쁨과 즐거움보다 더 넓고 깊을 것이며, 어렵고 힘들수록 이루었을 때 가지는 기쁨과 즐거움은 배가 될 것이다. 기쁨과 즐거움이 넓고 깊어지는 길을 갈 것인가? 아니면 한도 끝도 없는 불만의 굴레에 빠질 것인가? 선택은 자신에게 있다.

◆◆◆

제9장

중용을 잘 행하는 것은

공자께서 말씀하시었다. "온 세상이나 나라를 고르게 잘 다스릴 수 있고, 높은 지위와 넉넉한 녹봉도 사양할 수 있고, 시퍼런 칼도 밟을 수 있지만, 중용을 잘 행하는 것은 거의 불가능하다."

子曰 天下國家 可均也 爵祿 可辭也 白刃 可蹈也 中庸 不
자왈 천하국가 가균야 작록 가사야 백인 가도야 중용 불

可能也
가능야

사람이 하는 일 중 어려운 것이 있는데, 그중에 의견이 다른 여러 사람을 설득하여 이끌어가는 것, 경제적 이익이나 권력이 있는 자리를 사양하는 것, 수양하는 것 등이 가장 어려운 것임.

사람들이 어울려 함께 살아가면 여러 이점이 있는데, 그러나 함께 사는 것은 쉬운 일은 아니다. 사람들의 직업이 다양하고, 빈부 격차가 심하고, 평소 왕래나 교류가 없는 격리된 지역으로 나라가 구성되어 있을수록, 종교나 사상이 다양할수록 함께 살아가기가 힘든 것 같다. 그러나 중용을 잘 행하는 훌륭한 임금이나 정치 지도자가 있으면, 모든 사람이 그들을 믿고 따르니 정치가 잘 이루어질 것이다.

현대 사회는 산업화, 도시화가 이루어지고 교통 통신도 발달하였다. 그에 따라 가족제도, 결혼식 등 각종 의식이 많이 바뀌고 있다. 그만큼 사회가 다원화, 다양화하여 복잡해졌다. 그럼에도 불구하고, 총명하고 예지를 가진 훌륭한 지도자가 너그러운 마음으로 공정하고 바르게 정치를 해나간다면 안정되고 발전하는 국가가 될 수 있다. 그만큼 지도자의 역할이 중요하다고 하겠다. 지금은 사람들이 따를만한 훌륭한 정치인이 없으니 모두 자기만을 위해 행동하므로 나라를 다스리는 것이 결코 쉬운 일이 아니다.

모든 사람이 가지려고 하는 것은 재물 이외에 권력과 명예가 있다. 재물은 생존과 편리함을 위한 것이고, 권력은 자기 의지를 그대로 실현하고자 하는 힘을 갖고자 하는 것이고, 명예는 사람이 추구하는 가장 높은 단계의 욕구로 자기 성취를 확인하고, 남으로부터 인정받고 싶어 하는 것이다. 세 가지는 모든 사람이 가지고자 하는 것이지만 직장 생활이나 각종 모임을 운영하여 보면, 재물과 자리나 권력에 대한 욕구가 가장 기본적이고, 모두 그것들을 가지고자 하는 의욕이 대단하다. 이것들을 가볍게 보고 남에게 양보하는 것은 결코 쉬운 일이 아니다.

사람들이 갈 방향을, 하여야 할 도리를 찾고, 그에 관한 원리를 얻기 위하여 여러 선지자가 노력하였다. 소크라테스는 주저 없이 독배를 마셨고, 공자는 제후를 설득하고자 힘들고 어렵지만 전국을 돌아다녔고, 예수는 황망한 사막에서 외롭고 힘든 나날을 보냈다. 진리와 인류의 근본원리를 찾고자 고행한 선각자로는 부처가 유명하다. 부처의 고행 불상을 보면, 눈은 움푹 들어갔고 몸은 뼈만 앙상히 남아 있어 삶과 죽음의 경계에 있는 것 같이 보인다. 훅 불면 그대로 넘어지고 저세상으로 갈 그런 형상이다. 생명을 가진 것이 생명의 위험을 감내해야 한다는 것은 얼마나 어렵고 힘들겠는가! 그러나 부처의 눈빛은 강하고 밝게 빛나는 것 같이 보인다. 도를 찾고자 하는 고행은 수행 기간에 하지만 중용은 어느 때, 어느 곳에서나 하여야 하므로 가장 힘들다고 하겠다.

사람이 살아가는 데 여러 어려움이 있지만, 중용보다 어려운 것은 없을 것이다. 그러니 불가능하다고 할 정도다. 잠시만 행하는 것이 아니고 늘 그렇게 하여야 하고, 지금의 일만 아니라 앞으로의 일도 알아야 하고, 자기만이 아니라 다른 사람도 알아야 하고, 사람만이 아니라 만물도 알아야 하고, 만물만 아니라 자연도 알아야 제대로 중용을 잘 행할 수 있는 것이다. 중용을 항상 잘 행하는 것은 그렇게 어렵다.

◆◆◆

제10장

강强함에 대하여

~~~~~~

　자로子路가 공자에게 강强함에 관하여 물어, 공자께서 답하시었다. "남쪽 지방의 강함이야? 북쪽 지방의 강함이야? 아니면 네가 생각하는 강함이야?

子路問强 子曰 南方之强與 北方之强與 抑而强與
자 로 문 강　자 왈　남 방 지 강 여　북 방 지 강 여　억 이 강 여

~~~~~~

자로子路　중유仲由(B.C. 543~B.C. 480)의 자字. 공자의 제자로, 무武를 숭상함.

강强　단단하고 굳셈. 몸이 단단할 뿐만 아니라 마음에 뜻한 바를 굽힘이
　　없이 세차게 해나감. 몸과 마음이 단단하고 굳셈.

사람이면 누구나 바라는 것이 있다. 먼저 먹고 사는 것이 편안하고, 자기가 하고 싶은 것을 하고, 사람 대접받고 사는 것이다. 태어난 집안이나 지역에 의하여 차별받거나 지식수준에 따라 불합리하게 차별받는 것을 원하지 않는다. 인류 역사가 계속 발전하여 많은 사람, 즉 서민들까지 사람답게 살 수 있는 사회를 만들고자 꾸준히 개혁이 이루어졌고, 지금은 자유와 평등이 모든 나라가 추구하는 보편적인 가치가 되었고, 아무리 가난하고 능력이 없는 사람도 사람답게 살 수 있도록 복지제도를 마련하여 제대로 실행하고자 노력하고 있다. 사람이 바라는 사회가 이러함에도 춘추시대는 제후들의 세력 다툼으로 전쟁이 끊임없이 일어났고, 아들이 아버지를, 신하가 임금을 몰아내거나 죽이는 일이 흔히 일어났다. 이런 난세에 살아남기 위하여 제후들은 무력을 키우는 것을 가장 중요한 일로 생각하였고, 이에 필요한 인재를 구하였다.

　자연히 지식인들 사이에 "강함"에 대하여 의견을 서로 주고받아 구체적 방안을 찾고자 하였다. 군사를 키워 잘 활용하는 것을 중시한 학파가 병가兵家이다. 대부분 사람이 군사를 키우는 것이 나라를 강하게 하는 것이라고 하였는데, 공자께서는 진정한 "강함"은 중용의 도가 널리 잘 행하여지므로 백성들이 평안하게 살아가는 것이라 하고 임금이나 제후가 덕치를 할 것을 주장하였다.

너그럽고, 부드러운 마음으로 가르치고, 버릇없이 무례하게 행동하여도 보복하지 않는 것이 남쪽 지방의 강함이고, 군자는 늘 그렇게 한다. 병기와 갑옷으로 무장하여 죽음을 두려워하지 않는 것이 북쪽 지방의 강함이고, 네가 생각하는 강함은 거기에 있다고 하겠다.

寬柔以敎 不報無道 南方之强也 君子居之 衽金革 死而不
관 유 이 교 불 보 무 도 남 방 지 강 야 군 자 거 지 임 금 혁 사 이 불

厭 北方之强也 而强者居之
염 북 방 지 강 야 이 강 자 거 지

거居 오랫동안 머물러 있음. 거소居所 또는 거경居敬으로 쓰이는데, 이때
　　는 늘 그렇게 있거나 한다는 것을 의미하며, 늘 있는 장소 또는 늘 존경
　　하는 마음으로 있음을 뜻함.
임금혁衽金革 갑옷을 입고 무기를 지니는 것을 의미함.

　　나라가 처한 여건이나 지리적 환경에 따라 그곳에 사는 사람들의 가치관도 다르다. 외세의 침략이 빈번한 지역에 있는 나라는 군대를 양성하여 나라를 지키는 것이 가장 우선시하여 용감함을 높이 받들고 병력을 양성하는 것을 최우선 과제로 하였다. 이에 반하여 안정된 사회는 사람답게 사는 것, 즉 윤리를 중시하고 문

화예술을 진흥하고자 노력하였다. 이런 경향은 지금도 여전하며, 세계지도를 펼쳐놓고 보면, 전쟁이 빈번하였던 지역은 지금도 분쟁이나 전쟁이 종종 일어나고 있다.

갈등과 분쟁을 해결하기 위하여 모든 나라가 따라야 하는 규범을 정하고, 그에 의하여 갈등이나 분쟁이 조정된다면 전쟁을 막을 수 있는데도 그렇게 되지 않고 있다. 그 근본 원인은 그 규범이 모든 나라가 믿고 따를 수 있을 정도로 중용의 사상이 반영되지 않았고, 만일 그 규범을 따르지 않는 나라가 있을 때는 그에 상응하는 제재를 가할 수 있는 권위나 힘이 있어야 하는데, 그렇지 않기 때문이다.

더구나 국가는 외부로부터 간섭받지 않고 자체적으로 정책을 결정하여 시행할 수 있는 주권을 가지고 있어서, 그 나라의 정치가 객관적으로 볼 때, 비록 인류 보편적 가치를 실현하는데 바람직하지 않음에도 독자성을 가진 존재라서 국가로서의 존재는 지속되고 있고, 정치 이념이나 체제가 비슷한 국가들이 연합하여 자기들의 정책이 오히려 합리적이고 타당하다고 주장한다. 역사는 나라들이 서로 모이고 흩어지는 것의 기록이라고도 할 수 있다. 그렇다면 전쟁과 평화는 주기적으로 일어날 수밖에 없는 것인가?

나라를 부유하고 강하게 하는 것은 그 나라에 사는 사람들이 자기가 맡은 일만 잘하면 자유롭고 넉넉하게 살아갈 수 있어 살 만한 나라라고 인정하고, 이런 나라를 외부의 침입으로부터 지키기 위하여 주저 없이 자기를 희생하겠다고 할 때 있는 것이다. 이런 나라를 만들려면 임금이나 대신이 중용을 잘 행하고, 서민들도 윗사람을 본받아 중용을 늘 행하도록 노력하여, 온 나라가 중용의 도로 넘쳐나야 한다.

　중용은 모든 사람을 품고 함께 사는 것이다. 어떻게 하는 것이 중용을 잘 행하는 것인가? 사람들이 모여 살다 보면, 옳은 일이 있을 때도 있고, 그렇지 못한 일이 일어나기도 한다. 특히 젊을 때, 친구들과 휩싸여 좋지 않은 짓을 할 때도 있다. 옛날에는 서리라는 것이 있었다. 밤중에 주인 몰래 수박이나 참외 등을 따서 함께 나눠 먹는 것이다. 지금은 남의 물건을 훔치는 것이 되지만, 옛날에는 하나의 장난이나 놀이었다고 볼 수 있다. 큰 피해가 없으면 그냥 넘어갔다. 서리하는 아이들도 다 아는 이웃의 자식이고, 심지어는 자기 자식이 거기에 끼어 있는 수도 있다. 용돈을 주는 시절이 아니다 보니, 먹고 싶은 나이 때는 그리하여 과일 등을 군것질하였다. 서리할 때도 나름의 도가 있어서, 한집에만 큰 피해를 주지 않도록 하고, 과일은 따되 나무가 망가지지는 않도록 하였다.

외톨이가 될 것인가? 아니면 같이 어울려 놀되 서리로 그치도록 친구를 이끌어 나갈 것인가? 공자께서는 "군자는 화합하지만 같기를 요구하지 않고, 소인은 같기를 요구하지만 화합하지 못한다(논어 자로)."라고 하였다.

새들은 같은 깃털끼리 모인다는 말이 있다. 무리 지어 살면 이로운 점이 많으므로 동물들은 끼리끼리 모여 사는 것들이 많다. 사람도 역시 그런 면이 있다. 친족끼리 모이고, 동창끼리 모이고, 같은 지역 출신끼리 모이고, 같은 직장 출신끼리 모여 친목을 다지고 공동 정신을 가지거나 공동의 이익을 지키려고 한다. 사람마다 이해가 일치할 수도 있고 서로 상충하는 수도 있듯이 집단 간에도 그럴 수 있다. 이해관계가 다르면, 갈등에서 분쟁으로 변하게 되므로 빨리 조정하는 것이 필요하다.

그러므로 군자는 사람들과 어울리지만 꿋꿋하여 휩쓸리지 아니하니, 강하고 굳세네! 마음을 굳게 하여 가운데 서서 기울지 아니하니, 강하고 굳세네! 나라가 도道가 있어 잘 살아도 어려운 때를 잊지 아니하니, 강하고 굳세네! 나라가 도道가 없어 어지러우면 죽음에 이르더라도 변치 아니하니, 강하고 굳세네!"

故 君子 和而不流 强哉矯 中立而不倚 强哉矯 國有道 不變
고 군자 화이불류 강재교 중립이불의 강재교 국유도 불변

塞焉 强哉矯 國無道 至死不變 强哉矯
색언 강재교 국무도 지사불변 강재교

류流 강물처럼 흘러가는 것. 그 의미가 자기 의식없이 주위에 따라 행동하는 것으로 확대됨. 아무 생각 없이 유행에 따르는 것을 의미함.

의倚 의지하다, 한쪽으로 기울어지다 등을 뜻하는데, 여기서는 기울어지는 것으로 해석함.

색塞 가난하거나 어려울 때. 여기서는 어려울 때 가진 마음 자세를 의미함.

옛날에는 시골 마을마다 동네 어른이 있어서 마을에서 일어나는 사소한 다툼은 다 조정하여 해결하였다. 동네 사람들이 모두

그 어른을 존경하고, 그 어른의 결정을 따름으로 쉽게 문제가 해결되곤 하였다. 그것은 그 어른이 이쪽저쪽 사정을 다 잘 알고 양쪽에서 받아들일 수 있는 조정안을 내었기 때문에 그 자리에서 쉽게 결론이 났다. 동네 사람이 그 어른을 믿고 따르는 것은 그 어른이 늘 바르고 옳게 판단하여 모두에게 득이 가는 방향으로 문제를 해왔다는 것을 동네 사람들이 알고 신뢰하기 때문이다. 사람 사이에 신뢰가 중요하며, 신뢰를 쌓으려면 한쪽에 기울지 않고 공평하게 일을 처리하여야 하고, 그런 사례가 오랫동안 쌓여야 한다.

지금 우리 사회는 옛날과 같은 갈등과 분쟁을 해결하는 제도가 완전히 무너졌다. 동네 어른과 집안 어른이 없어졌고, 오래 이웃하여 살다 보면 서로 이해하고 참고 견디는 폭이 넓어지는데, 이웃끼리 소통이나 왕래가 없으니 문제가 많이 발생하고, 발생한 문제도 권위 있는 어른에 의하여 조정하기보다는 대부분 법적 제도에 따라 해결하는 추세이다. 조정되면 서로가 웃으며 헤어질 수 있으나 법적인 절차에 들어가면 승패의 문제로 발전하여 골이 깊어지고, 최종 판결을 받아들이기보다는 돈이나 힘이 없어서 그렇게 되었다고 여기고 원망과 원한을 더 쌓아간다. 어느 것이 효율적이고 바람직한가? 우리는 어떤 방법으로 문제를 해결하는 사회를 만들어야 하는가? 그렇게 하려면 우리는 무엇을 하여야 하는가?

우리 사회는 지난 반세기 동안 무척 빠르게 발전하였다. 세계에서 가장 가난한 나라에서 세계 10대 경제 대국이 되었다. 개인소득 수준으로는 보면, 자원 부국들이 있어 뒤로 한참 밀리지만 그래도 먹고 살만하고, 반듯한 집에 살고, 스포츠 경기나 음악 연주회나 웅장한 공연을 즐기기도 하며, 간혹 해외여행도 한다. 반세기 이전에는 꿈도 꿀 수 없었던 것을 하거나 즐기면서 산다.

짧은 기간 동안 나라가 발전하다 보니, 최빈국 시대를 경험한 사람, 먹고 입는 것은 걱정하지 않고 산 사람, 좋은 아파트에서 각종 가전제품과 자동차를 가지고 사는 사람, 사람이라면 문화를 창조하고 즐기면서 살아야 한다는 사람, 현재 우리 사회에서 살아가고 있는 사람을 집단으로 구분하자면 여러 부류로 구분할 수 있을 것이다. 그만큼 다양하니 공통분모를 찾아내는 것은 쉬운 일이 아니다. 그러나 한 가지 분명한 사실은 문제의 원인을 정확히 밝히고, 문제 해결을 위한 효율적인 방안을 찾아야 한다는 것이다.

부강한 나라였다가 몰락한 나라가 많이 있다. 이들 나라의 공통점은 자기가 하는 일에 전력을 다하는 것이 사람다운 것이라 생각하고, 그렇게 하려고 노력하기보다는 사람다운 것은 일하는 것보다 삶을 즐기는 것이고, 모든 국민이 즐길 수 있도록 국가는 그런 정책을 펴야 하며, 그런 주장을 하는 정치가를 선출하였다. 그 결과, 반세기도 지나지 않았음에도 즐기는 것도 하지 못할 뿐 아니라 사는 것 자체를 걱정하여야 하고, 자유가 널리 보장되기보다는 약탈과 살인이 일상화된 불안한 사회에서 살게 되었다. 이런 나라에서 훌륭한 정치가가 나와서 국가의 통치 방향을 바꾸어 나갈 것을 기대하지만 엉터리고 나라를 망치지만, 국민에게 인기 있는 정책을 주장하는 정치군이 계속 당선되어 여전히 몰락의 길로 떨어지고 있다. 한번 정해진 방향을 다른 쪽으로 바꾸기는 여간 힘든 일이 아니다. 우리나라도 자유 못지않게 평등과 복지를 주장하되, 나락으로 빠진 국가처럼 되지는 않아야 한다. 그 길은 바로 중용을 잘 행하는 것이다.

나라가 몰락을 길로 들어서면 방향을 틀기가 어려우니 아예 그런 길로 들어서지 않도록 하여야 하고, 그런 길로 들어서려고 하면 전문가, 학자, 지도자, 공무원, 정치가들은 온 힘으로 막아야 한다. 그런데 이렇게 하면 아니 된다고 생각되는 정책들이 쏟아지고 있다. 미래의 나라 사정은 전혀 생각하지 않고, 우선 인기를 얻고자 하는 정책들이 여야를 불문하고 주장되고 있다. 정말 이래도 되는가? 그런 터무니없고 엉터리 같은 주장을 하는 정치군이 당선되니 할 말이 없다. 이런 일이 일어나는 것은 모두 국민의 책임이며, 국민은 단맛보다는 쓴맛도 알아야 한다.

제11장

중용에 의지하여 마음으로 만족을

공자께서 말씀하시었다. "숨어있는 희한한 것을 찾아내거나 괴상한 짓이나 엉뚱한 주장을 하는 것이, 비록 후세에 따르는 사람이 많아 유행할지라도, 나는 그런 짓을 하지 않겠다. 군자라고 하는 사람 중에도, 도를 지키고 그에 따라 행동하다가 중도에 그만두는 수가 있는데, 나는 그렇게 하지 않겠다.

子曰 索隱行怪 後世有述焉 吾弗爲之矣 君子 遵道而行 半
자왈 색은행괴 후세유술언 오불위지의 군자 준도이행 반

塗而廢 吾弗能已矣
도 이 폐 오 불 능 이 의

述述 作作은 새로운 것을 만들어내는 것을 의미하고, 述述은 만들어진 것

을 유지하거나 발전시키는 것을 의미함. 나라나 회사를 새로 세우거나 만드는 것을 작作이라 하고, 그것을 발전시키는 것을 술述이라 함.

인류 사상사를 보면, 유교문화권에서는 개인으로서의 사람도 중요하지만 사람과의 관계가 중요하고, 사람 간의 관계만 아니라 사람과 만물, 사람과 자연과의 관계도 역시 중요하다고 보았다. 동양의 산수화는 아름답고 웅장한 풍경이 있고 그 속에 생활하는 사람들이 그려져 있다. 동양의 이런 사상은 고대부터 지금까지 계속 이어져오고 있다. 그것은 농업사회였기 때문이다. 이에 반하여 서양은 큰 변화가 여러 번 있었다. 처음에는 자연을 탐구하고 사람의 사는 문제를 다루었지만, 기독교가 국교로 되고, 종교가 사람의 생각과 생활을 규제하는 것이 일상화되고 보편화되어 장기간 지속되는 동안, 인간 본연의 문제나 자연 현상에 대한 탐구는 없고, 신의 존재나 신의 의지에 관한 연구만 있었다. 교역이나 전쟁으로 교류가 이루어짐에 따라 다른 세상과 다른 사상이 있다는 것을 알게 되었고, 과거 자신들의 사상이나 문화를 다시 보게 되고 새로운 시각을 갖게 되었다.

천문을 관측하여 해와 달과 별들이 움직이는 것을 보니, 기독교가 제시한 질서정연하고 완전한 천상의 세계가 아니고, 나름대로 법칙에 따라 운행한다는 것을 알게 되었다. 이것은 세계관과 인생관을 크게 바꾸게 하였다. 신의 뜻을 해석하여 자연 현상을 설명하려고 하는 것이 아니고, 그것을 관찰하고 그 현상을 일으키는 근본원리나 운동 법칙을 알고자 하였다. 이런 분위기가 지속되어 탐구 대상이 넓어지고, 그 내용이 깊어짐에 따라 신보다 인간의 능력을 더 신뢰하게 되었다. 천문학에서 시작된 서양 과학은 물리학, 지질학, 화학, 생물학으로 발전하였고, 인간이 당면한 문제를 해결하는 방법이 더 합리적, 과학적으로 되었다. 현상을 세밀히 관찰하고, 실험을 통하여 이론을 전개하였다. 즉 과학적 방법으로 학문을 연구하게 되었다.

눈부신 과학의 발전을 경험한 사상가들은 인간의 능력을 무한히 신뢰하고, 사람은 인간 문제나 자연의 현상을 모두 해석하고 해결할 수 있다고 자만하였다. 그러나 실제로 그렇게 되었는가? 세상은 사람이 살만한 세상이 되었는가? 그러하지 못하여 또 새로운 사상이 나오게 되었다.

모든 것이 신의 뜻이라고 생각하고, 신의 존재와 능력에 절대적으로 믿고 있다가 많은 영역이 신의 영역이 아닌 과학의 영역이라는 것을 알게 되고, 각 분야의 과학 탐구에 전력을 다하였지만 사람이 알 수 없는 영역이나 사람이 할 수 없는 일이 여전히 있음을 알게 되어 인간에 대한 신뢰도 옅어졌다. 사람은 인간 생명의 한계, 능력의 한계를 알게 되자 의지할 곳이 없어지게 되었다. 신에게 절대적으로 의지할 수도 없고, 사람의 능력에도 완전히 믿고 의지할 수 없으니 사람들은 방황하게 되고 허무주의에 빠지게 되었다.

그래도 사람은 새로운 사상과 신념을 갖고자 하였다. 사람이 자연을 탐구하여 진리를 찾을 수 있는 능력이 있다는 것도 알고, 또 그 한계가 있다는 것을 인정하고 자기 의지에 따라 태어나지 않았지만, 역시 죽음을 피할 수 없다는 것을 받아들이면서, 어떻게 사는 것이 사람답게 사는 것인가?에 대하여 깊게 생각하게 되었다. 그 방법은 자신을 자신답게 사는 것이고, 그렇게 되기 위하여 자신을 찾아 그것을 성실하게 실천하는 것이라고 하였으며, 그렇게 하면 스스로 평가하여도 일생을 사람답게, 자기가 바람직하다고 생각하는 일생을 살았다고 할 수 있다는 것이다. 이 역시 사람의 문제를 개별 인간으로 다루었지, 사람과의 관계에 대한 것은 미흡하게 다루고 있다. 최근에야 사람의 문제는 사람을 개인으로 보는 것도 필요하지만 사람과의 관계로 보는 것이 역시 필요하다고 하게 되었다. 더 나아가 사람이 속한 사회, 그 사회가 속한 지리적, 역사적 환경을 고려하여야 하고, 지구 환경이 계속 나빠지고 있는 것을 고려할 때, 자연도 함께 고려돼야 한다고 한다.

공자의 사상은 사람을 있는 그대로 보고, 그것을 바탕으로 하여 사람과의 관계를 바람직한 방향으로 이끌고자 하였고, 이때 동물뿐만 아니라 식물, 살아 있는 것만 아니라 그렇지 않은 것, 하늘과 땅을 포함한 자연도 함께 하여야 한다는 사상이다. 유가사상은 처음부터 인본주의, 인간관계론, 환경주의, 실존주의의 사상이었다고 하겠다.

인류의 사상과 과학의 역사를 되돌아보면, 새로운 역사가 시작되기 위해서는 그때 평범한 사람들이 생각하지 못했던 것을 새로 주장한 사람이 있었고, 처음 주장할 때는 어려움을 겪었지만, 그 주장이 합리적이고 타당하니 수용되고 보편화되었다. 그러므로 무엇보다도 합리적이고 타당한 주장을 하여야 하고, 그런 주장을 하려면 현실에 바탕을 두고 관찰과 실험을 통하여 논리를 전개하고 최종적으로 결론을 얻어야 한다. 각종 토론회나 학술지에, 특히 신문, 방송에서 주장되는 이론이 진실이라 믿고 주장하는지, 아니면 다른 의도가 있어 그렇게 주장하는지 알 수 없는 때가 있다.

어린 시절 친구들이 모여 놀다 보면, 간혹 희한한 것을 가지고 와서 자랑하는 아이도 있었고, 지금도 어른 중에 괴상한 짓이나 이상한 주장을 하는 사람이 있다. 웃음거리나 자랑거리로 하는 것이라 하여 넘겨버리면 되지만, 그렇지 않은 경우가 있다. 얼핏 보면 맞는 말인데, 따져보면 진실이 아닌 것이 있다. 이것을 궤변이라 한다. 소크라테스는 진리를 찾기보다 남과의 논쟁에서 이기려 하고, 재판에서 좋은 결과를 얻고자 진리가 아닌 말을 하는 것을 싫어하여, 그런 사회 풍조를 바꾸고자 하였으나 성공하지 못하고 오히려 자신의 목숨을 잃었다. 배운 것이 많고 지식이 깊어 사람으로부터 존경받는 사람일수록 진리와 합당한 이론을 제시하여 사람들을 계몽하여야 한다. 평소 그런 자세를 갖고 있으면, 사람들이 그런 분을 믿고 따를 것이다.

요즘 정책토론회에 많은 대학교수나 전문가들이 참석한다. 일부 전문가는 정부 정책이 자신의 이론과 같아서 정부 정책을 옹호하고, 일부는 정부 요청에 따라 자신의 전공이나 이론과 관계없는 정책에 대하여 적정하지 않은 이론을 제시하여 정책을 홍보하기도 한다. 간혹 억지 논리로 정책을 옹호하는 것을 보면, 보고 듣는 사람이 그런 주장을 하는 토론자가 오히려 안쓰럽게 느껴진다. 군자와 현자는 주장을 뚜렷하게 하되, 자기의 주장이 사실에 부합하고 진실과 일치하는지를 항상 되새겨보지만, 경제적 이익이나 자리에 연연하여 자기 이론과 다른 것을 주장하거나 동조하지 않는다.

인격적으로 훌륭하고 학문도 깊은 사람이 어떻게 되었는지 삐뚠 길로 들어가는 것을 종종 본다. 심지어 처벌까지 받는 사람도 있다. 돈을 받기 위하여, 아니면 자리를 얻기 위하여 그렇게 하였는가? 아니면 알게 모르게 가해지는 압력에 견디지 못하여 그렇게 되었는가? 변절하여 대대로 욕을 먹는 사람은 처음에는 독립운동을 하다가 친일파로 변절한 사람이다. 지금도 친일 매국노이니, 아니니 하는 논쟁이 일어나고 있다. 한일합방 초기에는 대부분 지식인이 자주독립 쪽에 있다가 일제 통치 기간이 길어짐에 따라 친일 쪽으로 흘러간 사람이 많이 있다. 심지어 당시 조선과 일본을 비교하여, 조선이 독립할 수 없다고 보고 친일 쪽으로 기운 사람도 있고, 적극적으로 친일 활동을 한 사람도 있다.

각 민족은 자주 국가를 가지는 것이 좋다는 것은 진리요, 국제법의 기본 규범이다. 만일 여러 민족이 합쳐 한 국가를 만드는 것이 민족의 자주권을 보호할 수 있다면, 국가 간의 합병도 가능하다. 이때 합병되는 각 민족의 의견이 최우선으로 고려되어야 하고, 각 민족의 자주권이 확실히 보장되어야 한다. 그러하지 않은 국가 간의 합병은 합법적이라고 볼 수 없고 타당하지도 않다.

어떤 것보다 중요한 것은 기본 가치요, 원칙이다. 어떤 상황이라도 자기에게 아무리 큰 경제적 이익이 돌아온다고 하더라도 기본 가치 또는 근본 규범을 어기는 일은 하지 않아야 한다.

참다운 군자는, 중용에 의지하여 마음으로 만족을 얻고, 세상을 등지고 살아 알아주지 아니하여도 후회하지 않는다. 오직 성인聖人으로 존중받는 사람만이 그렇게 할 수 있다."

君子 依乎中庸 遯世不見知而不悔 唯聖者 能之
군 자 의 호 중 용 둔 세 불 견 지 이 불 회 유 성 자 능 지

성자聖者 성인聖人이라고 하지 않고, 성자聖者라고 한 것은 성인聖人이 되
고자 하는 사람을 높여 부른 명칭. 성인은 거의 신과 같이 모든 것을 알
수 있고, 모든 것을 할 수 있다고 보고, 가장 이상적인 사람의 모습.

훌륭한 사람 모두가 반드시 지도자가 되는 것도 아니고, 인격
이 높은 모든 사람이 존경받는 것은 아니다. 특히 시대를 앞서간
사람들에게 그런 경우가 많이 있다.

사람들이 갖고자 하는 것 가운데 가장 가치 있는 것은 명예가
아닌가 생각한다. 명예를 가지는 것은 자기완성을 이룬 경지에
도달한 것을 의미하며, 무한한 삶의 가치를 느끼는 경지이다. 그
러나 명예가 아무리 좋다고 하지만, 떳떳하고 당당하게 얻은 것

이 아니면 가지지 않음만 못하다. 명예를 좇기보다는 자기의 올곧은 입장을 지키는 것이 후세에 더욱 빛날지도 모른다.

아무도 알아주지 않아 세상을 등지고 살아도 위대한 업적을 이룬다면, 그것이 더 훌륭한 삶이다. 백이와 숙제는 수양산에 들어가 충신의 영예를 얻었고, 정약용은 강진에 유배 시절에 "목민심서"의 초안을 작성하였고, 추사 김정희는 제주 유배 생활하는 동안 명작인 세한도歲寒圖를 남겼다. 일상에서 벗어나 한가한 시간을 가지는 동안 새로운 생각을 가지게 되는 경우가 있다. 뉴턴은 전염병을 피하여 고향에 가 있을 때, 인력의 법칙을 발견하였다.

중용은 어느 때, 어느 곳, 혼자 있을 때나 여러 사람이 있을 때나 자신이 처한 상황에서 가장 좋은 것을 선택하여 행하는 것이다. 그러면 반드시 좋은 결과가 있을 것이니, 너무 조급하게 여길 필요가 없으며, 자기가 살아 있는 동안이 아니면, 죽고 난 뒤에 자기의 주장, 이론 또는 저술이 빛을 발할 것이다.
무엇을 할 것인지를 고민하여야지, 남이 나를 어떻게 생각하는가? 에 관심을 둘 필요가 없다. 중용을 어떻게 행할 것인가를 고민하여야지 평판에 구애되어서는 아니 된다.

제3편

넓고 깊은 도道

자연의 법칙이 보이지 않지만 온 세상에 두루 미치고 있듯
이, 중용의 도道는 보고, 듣고, 느끼지 못할지라도 모든 사
람에게 미치고 그 혜택을 누리게 한다.

제12장

도道는 널리 퍼져있지만

군자의 도道는 널리 퍼져있지만 드러나지 않는다. 어리석은 부부도 더불어 도를 알 수 있지만, 지극한 데에 이르면 비록 성인이라도 역시 알 수 없는 것이 있다. 모자라고 어리석은 부부도 도를 행할 수 있지만, 지극한 데 이르면 비록 성인이라도 잘 행할 수 없는 것이 있다.

君子之道 費而隱 夫婦之愚 可以與知焉 及其至也 雖聖人
군 자 지 도 비 이 은 부 부 지 우 가 이 여 지 언 급 기 지 야 수 성 인

亦有所不知焉 夫婦之不肖 可以能行焉 及其至也 雖聖人 亦
역 유 소 부 지 언 부 부 지 불 초 가 이 능 행 언 급 기 지 야 수 성 인 역

有所不能焉
유 소 불 능 언

비費 써서 없앰 또는 널리 퍼져 있음. 주로 소비消費라고 쓰는 수가 많으나

여기서 비費는 널리 퍼져 있음을 의미. 자연의 법칙과 같이 보고, 듣고, 느낄 수는 없으나 어느 곳, 어느 때나 있는 것을 나타냄.

은隱　드러나지 않고 숨어있어 잘 보이지 않으나 분명히 있는 것. 비이은費
　　而隱은 세상에 널리 퍼져 있으면서도 잘 보이지 않는 것으로, 자연의 법
　　칙, 부모의 은덕, 성인, 군자의 치세에 받는 혜택 등이 존재하는 상태를
　　나타낸다고 할 수 있음.

　우리가 생각하는 자연은 대단히 넓고, 깊고, 높다. 그러나 천문 관측 기술이 발달하여 130억 광년이나 떨어진 은하도 관측할 수 있으니 정말 우주는 크며, 그에 비하면 우리가 사는 지구는 한 점의 티끌도 되지 않는다. 크기로 비교한다면, 인간의 존재는 있다고 할 수 없을 정도로 미미하지만, 이런 우주를 관측하고, 그 생성 원리와 운동 법칙을 찾을 수 있다는 능력을 볼 때, 우주 못지않게 존재 가치가 있는 것이 인간이라고 하겠다.

　이 우주는 넓고 광대하지만 엄격한 법칙에 따라 존재하고, 운동하고 변화한다. 우리가 사는 땅 위, 하늘 아래 세상, 즉 자연도 역시 같으며, 우리에게 삶의 터전을 제공한다. 자연은 조금도 법칙에 어긋나게 움직이는 일은 없으며, 법칙에 따라 끊임없이 만물이 생성, 소멸하게 한다. 우리가 사는 세상, 어느 곳, 어느 때나 항상 같은 혜택을 주고 있다. 그러함에도 사람들은 잘 느끼지 못

하고 있다. 물은 아래로 흐르고, 돌은 위에서 아래로 떨어진다. 어느 곳, 어는 때나 같으며, 낮이나 밤이나 또한 같다. 보이지 않고 들리지 않지만 자연의 법칙에 따라 우리에게 삶의 터전을 준다.

훌륭한 임금은 자연과 같이 나라를 잘 다스려 모든 백성이 그 은덕을 누리게 한다. 임금이 있다는 것, 정치가 이루어지고 있다는 것을 느낀다면, 그것은 오히려 정치가 잘되지 않고 있다는 것을 의미한다. 태평성대에는 누가 임금인지도 모르고, 모두 평안하고 넉넉하게 살아간다. 이것이 바로 군자의 덕이 넓게 퍼지지만 보이지 않는다는 것을 의미한다.

자연自然은 모든 것을 담을 수 있을 만큼 무한히 크지만, 사람들이 오히려 섭섭하게 생각한다. 그러므로 군자는 크기로 말하면, 세상에 담을 수 있는 것이 없고, 작기로 말하면, 그 이상 잘게 쪼갤 수 없는 것이다.

天地之大也 人猶有所憾 故 君子 語大 天下莫能載焉 語小
천 지 지 대 야 　 인 유 유 소 감 　 고 　 군 자 　 어 대 　 천 하 막 능 재 언 　 어 소

天下莫能破焉
천 하 막 능 파 언

군자君子 어대語大　천지는 자연의 이치에 따라 모든 것을 품어 크지만, 군
　　자는 자연의 이치에다 사람의 도리를 더하여 행동하므로 천지, 즉 자연
　　보다 더 크다고 할 수 있음.

　　중용의 덕은 지성이 있든 없든, 도덕성이 높든 낮든, 모든 사람이 나름대로 베풀 수 있다. 아무리 어리석은 사람도 도와주면 남도 나를 좋아하고, 성실하게 노력하면 잘 살 수 있다는 것을 안다. 그러나 아무리 훌륭한 사람도 전 인류가 평화롭게 사는 방법을 찾지 못하고 있다. 못나고 어리석은 부부도 자식을 낳아 기를 수 있고, 자식을 사랑할 수 있다. 그러나 한 나라를 잘 다스린 임금은 있었으나 전 인류를 잘 다스린 정치가는 아직 없다. 만일 진

정한 군자 또는 성인이 나와서 중용의 도를 잘 행하면, 그렇게 할 수 있을까? 가능한가?

　자연은 무한히 크다. 우주를 생각하면 말문이 막힐 정도로 크다. 그러나 엄격한 자연의 법칙에 따라 변화한다. 누구에게나 그대로 적용하지, 예외가 없다. 그러니 무엇보다 평등한 것이 자연이다. 어떤 곳은 가뭄으로 고생하고, 다른 곳은 홍수가 나서 생명을 앗아가고 산천을 황폐하게 하며, 심지어 화산이 폭발하여 지진도 일어나고 쓰나미도 일어나는데, 어떻게 평등하다고 할 수 있는가? 라고 물을 수 있다. 자연은 그 법칙에 따라 하는 것이지 거기에 누가 있어 벌주기 위하여 그런 것이 일어난 것은 아니다. 만일 다른 사람이 그곳에 살아도 역시 그런 일이 일어날 것이다. 절대로 그곳에 사는 사람이 싫어서 벌주려고 그런 재해를 일어나게 한 것은 아니다. 그러나 군자는 다르다.

　자연은 그 법칙에 따라 세상을 움직이고 변하게 하지만 군자는 사람을 배려한다. 잘하는 사람은 잘하는 것을 칭찬하여 격려하고, 잘못하거나 모자라는 사람은 배려하고 도와주어 모두가 함께 살아가도록 한다. 군자는 자연의 법칙을 알고 거기다가 사람의 도리를 더하여 중용의 도를 행한다. 이것을 보면, 군자는 자연보다 더 크다고 하겠다.

시경詩經에 읊었다. "솔개는 날아 하늘에 이르고, 물고기는 연못에서 뛰어오르네!" 이것은 도가 위아래에서 빛나는 것을 말한다. 군자의 도는 평범한 부부로부터 시작하여 지극한 데 이르러서는 온 세상에 두루 빛난다.

詩云 鳶飛戾天 魚躍于淵 言其上下察也 君子之道 造端乎
시 운 연 비 려 천 어 약 우 연 언 기 상 하 찰 야 군 자 지 도 조 단 호

夫婦 及其至也 察乎天地
부 부 급 기 지 야 찰 호 천 지

솔개가 하늘을 나는 것도 자연의 이치요, 연못에서 물고기가 뛰어오르는 것도 자기 성을 제대로 하는 것이다. 이런 현상은 보이지 않는 자연의 법칙이 항상 있음을 알려주는 것이다. 자연의 법칙이 우리 주위에 있고 항상 작용하고 있지만, 사람은 보이지 않고 들리지 않으니 잘 느끼지 못한다. 솔개가 날고 물고기가 뛰어도 자연의 진리를 알지 못한다.

자연에 자연법칙이 있듯이, 사람 사는 세상에도 자연과 같이 법칙이 있을 것이고, 자연의 법칙을 보고 들을 수 없는 것과 같이 사람 사는 세상의 법칙도 그럴 것이다. 그래서 사람은 자연법칙

을 탐구하듯이 사람 사는 세상의 법칙을 찾아서 그에 따라 행동하려고 노력하였다. 그 법칙이 바로 중용이다.

시경의 이 시를 그림으로 나타내어, 항상 옆에 두고 봄으로 자연의 이치와 사람의 도리가 있다는 것을 깨달을 수 있도록 하였다.

◆◆◆

제13장

사람다움으로 사람을 다스리고

공자께서 말씀하시었다. "도道는 사람으로부터 멀리 있지 않다. 사람이 도를 행하면서 그 도가 사람에게서 멀리 있다고 한다면, 그것은 도라고 할 수 없다. 시경은 노래했다. '도끼자루로 쓸 나무를 도끼로 찍네! 도끼자루로 쓸 나무를 도끼로 찍네! 도끼자루의 크기는 멀리 있지 않네.' 도끼자루를 잡고, 도끼자루로 쓸 나무를 찍을 때, 흘낏 쳐다보고 오히려 나무의 적당한 크기가 멀리 있다고 한다. 그러므로 군자는 사람다움으로 사람을 다스리고 고쳐지면 그만둔다.

子曰 道不遠人 人之爲道而遠人 不可以爲道 詩云 伐柯
자왈 도불원인 인지위도이원인 불가이위도 시운 벌가

伐柯 其則不遠 執柯而伐柯 睨而視之 猶以爲遠 故 君子
벌가 기칙불원 집가이벌가 예이시지 유이위원 고 군자

以人治人 改而止
이인치인 개이지

사람이 있어야 사람 사이에 마땅히 하여야 하는 도리가 있지, 사람이 없으면 그것을 따지는 것은 무의미하다. 사람의 도는 사람들 사이에 있어야 한다. 간혹 도를 구한다고 하면서 사람과 떨어져 있는 도리를 찾고자 하거나, 사람의 본성과 사람들이 모여 사는 인간 세상을 등한시하고 도를 찾는 것은 아무런 의미가 없다. 사람에 관한 도는 사람에서, 사람이 모여 사는 사회에서 찾아야 한다. 그러므로 사람다움과 사람의 성性을 파악하여 그 성에 따라 사람을 다스려야 하지, 그렇게 하지 않으면 효과적으로 사람을 다스릴 수 없다. 또 사람은 자기 나름대로 옳고 그른 것을 판단하여 행동하므로, 너무 간섭하면 하는 일도 하지 않으려 한다. 즉 사람의 성性을 알고, 상황에 맞는 도리를 알아서 행동하여야 한다. 즉 중용을 잘 행하여야 한다.

마음을 바르게 하고 돈독히 하는 충忠과, 남을 헤아리어 받아주는 서恕는, 도道로부터 멀리 떨어져 있지 않다. 자기에게 베풀어지기를 원하지 않는 것을, 역시 남에게 하지 말아야 한다.

忠恕違道不遠 施諸己而 不願 亦勿施於人
충 서 위 도 불 원   시 저 기 이   불 원   역 물 시 어 인

충忠 마음을 가다듬어 내실 있게 하는 것. 주로 충성으로 쓰어 나라나 윗
　　사람에게 자신을 희생하는 것을 의미하나, 본래는 마음을 수양하여 의
　　지를 굳게 하는 것으로 유가의 주요 기본 덕목임.
서恕 남을 이해하여 잘못이나 흠을 받아주는 것. 용서容恕로 많이 사용되
　　어 무조건 남의 잘못을 탓하지 않는 것으로 쓰이나, 마음으로 이해하여
　　남을 받아들이는 것으로 탓하지 않을 뿐만 아니라 그런 행동한 것을 이
　　해함.

　중용의 도를 잘 행하기 위해서 마음의 자세가 필요하며, 그것은 먼저 자기 자신을 충실히 하여, 사람과 상황을 객관적으로 보아 정확히 판단하여야 하며, 만일 선입견이나 편견을 가지면 바르고 참된 판단을 할 수 없다. 그리고 남을 배려하는 마음을 가져

야 한다. 자기에게 싫은 말이나 행동을 하더라도 상대방이 왜 그런 말과 행동을 하는지? 그 의도를 정확히 알아야 상대방이 쉽게 받아들이는 방법으로 상대방을 설득할 수 있다. 이것이 도를 행하는 마음의 바탕이고, 도를 행하는 기초이다.

남을 이해하여 적극적으로 베푸는 것도 좋지만, 먼저 자기에게 비추어 보아, 자기가 싫어하는 것을 남에게 하지 않아야 한다. 사람이 기본적으로 바라는 것은 남이 자기를 이해하고 인정하여 주는 것이다. 사람은 거의 같으며, 우선 이해하고 인정해 주는 자세를 가져야 한다.

군자의 도道에는 네 가지가 있다. 구丘(공자)는 하나도 제대로 하지 못하였다. 아들에게 바라는 것으로써, 아버지를 섬기는 것을 잘하지 못하였고, 신하에게 바라는 것으로써, 임금을 섬기는 것을 잘하지 못하였고, 아우에게 바라는 것으로써, 형을 섬기는 것을 잘하지 못하였고, 친구가 나에게 베풀어주기 바라는 것을, 먼저 친구에게 베푸는 것을 잘하지 못하였다.

君子之道 四 丘未能一焉 所求乎子 以事父 未能也 所求乎
군 자 지 도 사 구 미 능 일 언 소 구 호 자 이 사 부 미 능 야 소 구 호

臣 以事君 未能也 所求乎弟 以事兄 未能也 所求乎朋友 先施
신 이 사 군 미 능 야 소 구 호 제 이 사 형 미 능 야 소 구 호 붕 우 선 시

之 未能也
지 미 능 야

사람들은 자기가 먼저 베풀기보다 남으로부터 베풀어지기를 원한다. 베풀 때는 상대방이 기대하고 있는 것을 때에 맞추어 베풀어야 한다. 힘들어 베풀지만, 상대방이 원하지 않는 것을 베풀면 아무런 효과가 없다. 남이 무엇을 원하는지를 아는 방법은 상대방 처지에서 생각해 보는 것이다. 임금은 충성을, 부모는 효도를, 형은 존경을, 친구는 믿음을 바라고 있다. 어떤 행동이 그런지 생각해 보고 찾아내거나 새로 구상하여야 하고, 또 입장을 서로 바꿔서 생각하여 점검하는 것도 잘못이나 실수를 줄이는 방법이다.

늘 바르게 행동하고, 늘 고운 말을 하여야 한다. 만일 부족한 점이 있으면 더욱 힘쓰지 않을 수 없고, 여유가 있더라도 더욱 좋아지도록 자기 힘을 다하지 않을 수 없다. 말은 행동을 되돌아보고, 행동은 말을 되돌아보아야 한다. 군자는 어찌 착실하지 않을 수 있겠는가!"

庸德之行 庸言之謹 有所不足 不敢不勉 有餘 不敢盡 言顧
용 덕 지 행 용 언 지 근 유 소 부 족 불 감 불 면 유 여 불 감 진 언 고

行 行顧言 君子 胡不慥慥爾
행 행 고 언 군 자 호 불 조 조 이

조조慥慥 조심하고, 착실한 모습.

마음과 마음으로 뜻을 전한다고 하지만, 사람 사이에는 주로 말과 행동으로 뜻을 전하게 되며, 남과의 관계를 좋게도 하지만 불편하게 하는 것이 말과 행동이므로 항상 조심해야 한다. 자기의 말과 행동이 의도대로 전달되지 않는 경우가 있는데, 그때는 상대방의 처지에서 생각해 보고 바른말과 바른 행동을 하여야 한다. 즉 항상 중용에 맞는 말과 행동을 하여야 한다. 너무 말이 앞서도 되지 않고, 행동이 늦으면 때를 잃게 되어 하고도 좋은 결과를 얻을 수 없다.

간혹 자기가 처신을 잘하였다거나 올바르고 뜻있는 행동을 하였다고 생각하여 가슴이 뿌듯하게 느낄 때가 있다. 이때는 만족감을 즐기면서 더 좋게 할 수는 없었는지를 생각해 보고 더욱더 노력하도록 다짐하고, 적합하지 않거나 미진하다고 생각되면 더 성실하게 하거나 좋은 쪽으로 고쳐야 한다. 이것이 사람과의 관계를 좋게 하며 항상 그렇게 하도록 노력하여야 한다.

◆◆◆

제14장

자리에 따라 행동하고

군자는 지금 자기가 있는 자리에 따라 행동하고, 그 자리에서 벗어난 것을 바라지 않는다. 부유하고 귀한 지위에 있을 때는, 부유하고 귀한 사람답게 행동하고, 가난하고 미천한 지위에 있을 때는, 가난하고 미천한 사람답게 행동하며, 오랑캐 지역에 있으면, 그 지역의 도리에 따라 행동하고, 환난에 처하였을 때는, 환난에 마땅한 행동을 하여야 한다. 그러므로 군자는 어떤 상황에 들어가든 스스로 얻지 않는 것이 없다. 사람의 도리를 알게 된다.

君子 素其位而行 不願乎其外 素富貴 行乎富貴 素貧賤 行乎
군 자 소 기 위 이 행 불 원 호 기 외 소 부 귀 행 호 부 귀 소 빈 천 행 호

貧賤 素夷狄 行乎夷狄 素患難 行乎患難 君子 無入而不自得焉
빈 천 소 이 적 행 호 이 적 소 환 난 행 호 환 난 군 자 무 입 이 부 자 득 언

소素 꾸밈이 없이 그대로 있는 것 또는 상태. 여기서는 사람이 현재 처한 위치나 환경.

득得 유, 무형적으로 얻는 것. 여기서는 이치를 깨달아 얻는 것을 의미함. 위험한 상황이나 험지에 있다가 빠져나오면 그 경험을 얻는 것이고, 환난을 이기기 위해 절약하는 습관이 몸에 베어 저축한다면 절약하는 생활 태도를 얻을 수 있음.

대부분 사람은 현실에 만족하지 못하고 불평, 불만을 나타낸다. 가진 사람은 더 가지려고 하고, 높은 자리에 있으면 더 높게 되려고 한다. 이것은 사람이면 다 가지는 욕망이다. 그렇다고 하여 현재의 자기 위치를 부정하고 처지에 벗어난 것을 너무 크게 바라고 마음을 아파하면 앞으로 나갈 수 없다. 현실에 충실하면서 더 높은 이상을 꿈꾸어야지, 현재를 부정하고 불평불만만 하고 있으면 현재 가지고 있는 것도 잃게 된다. 현재는 미래의 발판이다.

사람 사는 사회는 나름대로 그 상황에 맞게 제도와 문물을 만들어왔다. 농업지역이면 농사를 잘 짓게, 초원지대이면 가축을 잘 기르게 제도가 마련되어 실행되고 있다. 농촌에는 농번기에 서로 번갈아 도우며 농사짓고, 도시에서는 서로 피해를 주지 않도록 절제하는 관행이 있다. 다른 제도와 문화를 이해하려는 자세를 가지고 접근하여야 하지, 미개한 문명이니, 질 낮은 문화니 하고 비난하지 않아야 한다. 그렇게 된 이유와 그렇게 된 연유를 알고 난 뒤에, 합리적이지 않으면 개선해 나가야 할 것이다. 도시 사는 사람이 시골 가서 비위생적인 환경과 생활 습관을 보고 무조건 낮게 보아서는 아니 된다. 그렇게 된 데는 나름의 이유가 있다.

경제는 주기적으로 순환하는 것 같다. 많은 경제학자가 예측하여 대비하지만, 그 부정적인 영향을 줄일 수 있지만 미리 방어하기는 어렵다. 20세기 말 외환위기를 겪었고, 2008년에는 세계 금융 위기를 맞았으며, 2020년에는 전염병이 창궐하여 세계 경제 활동을 크게 위축시켰다. 어려움이 오는 주기와 그 강도를 미리 알 수 없지만, 사람이 일생을 사는 동안 항상 편안한 것은 아니고, 때때로 예기치 못한 위기가 주기적으로 온다고 보고, 평소 그에 대한 대책을 마련해 놓아야 한다. 예기치 못한 위기를 당하면, 모두가 어렵다. 그러나 그 어려움을 견디어내고 살아남은 사람은 뒤이어 오는 호경기를 활용하여 크게 발전하고, 나락으로 빠진 사람은 다시 회복하지 못하고 사라진다. 예기치 못한 위기가 올 수 있다는 것을 염두에 두고 살아가야 한다.

총명한 군자는 현실에 충실하고, 만족하지 못한 것이 있더라도 그 대책을 찾아 해결하려고 하지, 그냥 그 자리에 주저앉아있지 않는다. 어떤 어려움이나 난관이 있더라도 자기를 성찰하고 주위 환경을 파악하여 적합한 대책을 찾아내어 타개해 나간다. 겪었던 것은 좋은 경험이 되어 앞으로 발전의 원동력이 될 것이다. 군자는 어떤 처지에 있더라도 그곳에서 값진 경험이나 교훈을 얻는다. 모든 일에는 시작이 있으면 끝이 있다는 것을 믿고, 아무리 힘든 어려움이 닥치더라도 이겨나가도록 하여야 한다.

윗자리에 있을 때는 아랫사람을 얕잡아보지 않고, 아랫자리에 있을 때는 윗사람에게 매달리지 않아야 한다. 자기 자신을 바르게 하고 남에게 요구하지 아니하면 원망이 있을 수 없다. 위로는 하늘을 원망하지 아니하고, 아래로는 남을 탓하지 않아야 한다. 그러므로 군자는 늘 평안한 마음을 가지고 하늘로부터 명命, 즉 이끌어주기를 기다리나, 소인은 위험한 짓을 하면서 요행을 바란다.

在上位 不陵下 在下位 不援上 正己不求於人 則無怨 上不
재 하 위　불 능 하　재 하 위　불 원 상　정 기 불 구 어 인　즉 무 원　상 불
怨天 下不尤人 故 君子 居易以俟命 小人 行險以徼幸
원 천　하 불 우 인　고　군 자　거 이 이 사 명　소 인　행 험 이 요 행

가족 관계에도 그렇듯이 직장에는 상하 관계가 있다. 아버지는 아들이 모자라는 것 같고, 윗사람은 아랫사람이 아는 것도 모자라고 경험도 부족한 것 같이 보인다. 모든 것이 서툴러 보인다. 특출한 사람은 아래에 있을 때부터 두드러지지만 그런 사람은 드물다. 아랫사람을 얕잡아보기보다는 자기도 아래에 있을 때, 윗사람이 자기를 그렇게 보지 않았을까? 생각하고, 아랫사람이 빨리 제자리를 찾아 일할 수 있도록 가르치고 이끌어주어야 한다. 그렇게 하여야 서로 마음이 통하여 일의 효율도 높아지고, 아랫사람이 숨기고 책임을 회피하는 일도 없으니 잘못되는 일이

없다.

　승진하면 여러 혜택이 있다. 자기가 인정받았다는 자긍심도 가질 수 있고, 경제적으로도 훨씬 좋아지고 높아진 만큼 지시나 간섭도 그만큼 덜 받게 된다. 물론 승진하여 윗자리에 오를수록 큰 결정을 하여야 하므로 그만큼 중압감은 높아진다. 그러나 책임보다는 혜택이 먼저 떠오르니 모두가 승진하려고 한다. 승진에 필수적인 것이 윗사람으로부터 능력을 인정받고 윗사람에게 신뢰를 주는 것이다. 능력과 실적에 따라 승진시킨다면, 모두가 인정하고 받아들이니 갈등이 없다. 그러나 사람이 하는 일이다 보니, 사사로움에 이끌려 공정하게 되지 않는 경우도 흔히 있다. 좋은 평가를 받기 위하거나 부진한 실적을 숨기기 위하여 윗사람에게 매달리거나 아첨하는 사람이 있다. 상상을 못할 정도로 아첨하는 사람이 있고, 외부의 힘을 동원하여 압력을 가하는 사람도 있다. 그렇게 하여 승진하면 능력에 맞지 않는 자리에 있게 되어 오히려 직장 생활이 힘들고 고달파지는 것을 알아야 한다.

　자기가 맡은 일을 잘하는데 필요한 지식과 경험이 있다. 그것을 쌓아 맡은 일을 잘하여 성과를 냄으로 윗사람으로부터 인정을 받도록 하여야지, 윗사람에게 의지하거나 매달려서는 아니 된다. 그러면 윗사람, 동료와 아랫사람으로부터 원망을 받을 일이 없다. 자기 위치에서 하여야 할 일을 성실히 해나가는 것이 오랫동안 직장 사람들과 어울려 즐겁게 근무할 수 있지, 윗사람이나 힘 있는 사람에게 청탁하여 자리를 차지하고 승진하면 당장은 좋을는지 모르지만 오랫동안 근무하는 데에는 좋지 않다.

공자께서 말씀하시었다. "활쏘기는 군자다움과 비슷하다. 활을 쏘아 바로 맞추지 못하면, 돌이켜보아 자기 자신에게 그 원인을 찾아야 한다."

子曰 射有似乎君子 失諸正鵠 反求諸其身
자 왈 사 유 사 호 군 자 실 저 정 곡 반 구 저 기 신

자기가 지금 겪는 것은 자기가 한 일에 의한 결과이다. 물론 여건이 좋았다면 더 잘할 수 있었고, 윗사람이 바르게 하였다면 제때 승진하여 좋은 자리를 차지할 수 있었을 것이라고 아쉬움을 가질 수 있지만, 여건을 예측하지 못하여 대비하지 못한 것도 자기의 미흡함이요, 윗사람의 마음을 읽지 못하여 믿음을 얻지 못한 것도 자신의 부족함이라 생각하고 먼저 자신을 되돌아보고 미흡하거나 부족한 점이 있으면 채우도록 하여야 한다. 그러하지 않고 여건을 핑계로 대고 윗사람을 원망하면 발전이 없다. 항상 자신을 되돌아보고 더 노력해야 하는 점은 없는지, 고쳐야 할 것은 없는지 찾아보고 자기 역량을 키워야 한다.

제15장

높은 곳에 오르려면

군자의 도는 비유하자면, 먼 곳을 가려면 반드시 가까운 곳에서 가야 하고, 높은 곳을 오르려면 반드시 낮은 곳에서 올라가야 하는 것과 같다.

君子之道 辟如行遠必自邇 辟如登高必自卑
군 지 지 도   비 여 행 원 필 자 이   비 여 등 고 필 자 비

스포츠 중계를 보다가 선수가 멋지고 아름다운 기술을 보이면, 많은 사람이 순간 나도 저렇게 할 수 있었으면 좋겠다는 생각을 가진다. 마음에 감동을 주는 그림이나 조각을 보면, 나도 저런 명작을 만들었으면 하는 마음을 가진다. 우리는 결과만 보고 그렇

게 되었으면 하는 마음을 가지지만, 그렇게 되기까지 그들이 한 노력과 겪은 어려움을 알지 못한다. 모든 분야의 대가는 자질도 있을 뿐만 아니라 어려움을 헤쳐나오고 견디기 어려운 고초도 겪었다. 모자라는 자질은 노력으로 극복할 수 있다고 하는 주장도 있지만, 굼벵이가 말처럼 달릴 수 없고, 멍멍이가 꾀꼬리 같이 노래할 수 없다. 자기 자질을 알아 끊임없이 노력하는 것이 한 분야의 이름을 날리게 되는 길이다.

사람은 모두 높은 자리에 앉고 싶고, 넉넉하게 살 수 있는 돈을 가지고 싶고, 모두가 우러러보는 명예를 가지고 싶다. 이런 것은 하루아침에 이루어지는 것은 아니다. 참된 부자가 되려면 삼대에 걸쳐 노력하여야 하고, 훌륭한 인재를 낳으려면 삼대가 덕을 쌓아야 한다는 말이 있다. 부자가 되고 훌륭한 인재를 배출하려면 집안이 잘하여야 하며, 사람과의 관계를 원만하게 하여야 부자가 되고 훌륭한 인재가 나온다.

중용의 덕을 잘 행하면 그 지역에서, 그 나라에서, 더 나아가 세계에서 그 이름을 날리게 될 것이다. 그렇게 되기 위해서는 긴 세월 동안, 심지어 몇 대에 걸쳐 노력하여야 한다.

시경에 읊었다. "처와 자식들이 사이좋게 지내는 것이, 마치 비파와 거문고 타는 것 같구나! 형제들도 화합하니, 기쁘고 즐겁구나! 집안도 마땅하고 반듯하게 하니, 온 가족이 즐겁구나!" 공자께서 말씀하시었다. "부모님은 아주 편히 지내실 것이다."

詩曰 妻子好合 如鼓瑟琴 兄弟旣翕 和樂且耽 宜爾室家 樂
시왈 처자호합 여고슬금 형제기흡 화락차탐 의이실가 낙

爾妻帑 子曰 父母 其順矣乎
이처노 자왈 부모 기순의호

흡翕 새 떼가 어울려 함께 날아가듯 모든 것이 한꺼번에 일어나는 것을 의미하고, 화합하다의 뜻을 나타냄.

탐耽 즐기다, 기쁨을 누리다의 뜻.

순順 부드럽고 서로 어긋남이 없어 평안함. 여러 사람이 모이면, 서로 생각이나 이해가 달라 갈등이나 다툼이 일어날 수 있는데, 남을 알아주고 받아주는 부드러운 마음을 가지고 여러 사람들과 잘 어울리는 것.

사람은 태어나서 살아가며 사람과의 관계를 갖게 된다. 가장 먼저 가지고 피할 수 없는 것이 혈연관계인 가족이다. 가족은 자신을 낳아주었을 뿐만 아니라 살아가는데 필요한 인간관계에 대하여 말없이 알려주고 몸에 익혀 습관화되도록 하는 곳이다. 모든 사상이나 종교가 화목한 가정을 이루어야 한다고 하지만, 유교처럼 강조하는 사상이나 종교는 없다.

가족에도 성별, 나이, 지혜 등에 차이가 있어 갈등이 일어날 소지가 있다. 다른 관계보다 갈등이 더 쉽게 일어나는 이유는 같이 지내는 시간이 많고, 상호 간에 관심도 많고, 기대하는 것이 많기 때문이다. 갈등이 잘 조절되면 신뢰와 믿음이 쌓여 화목하게 되지만 그렇지 않으면 남보다 못한 관계가 될 수 있다. 가족 간 화목하기 위해서는 부부, 부모와 자식, 형제간에는 누구보다 관심이 많고 잘되기를 바라고 있다는 것을 염두에 두어야 하고, 조금 싫은 소리, 듣기 거북한 말이라도 그대로 반응하기보다는 가족의 마음에 비추어 보아 감정을 누그러뜨려야 한다. 그렇게 계속되면 서로를 이해하고 사랑하게 될 것이다. 특히 부모 마음을 헤아려야 한다. 가족 간 갈등으로 대표적인 것은 시어머니와 며느리 사이, 시누이와 올케 사이, 아버지와 아들 사이의 갈등이다. 요즘은 가족제도가 많이 변하여 예전과 같지 않지만 여전히 그런 갈등은 있다. 시어머니 용심은 하늘에서 내려온다는 말이 있다. 이것은 마음으로 조절하려고 하여도 가슴 깊은 곳에서 저절로 솟아 나오는 것을 의미하는 것 같다. 이것은 본능에서 나오는 갈등인가?

사람은 의지로 본능과 감정을 조절할 수 있고, 스스로 본능과 감정을 바꿀 수도 있다. 이것이 습관화되면 갈등의 원인을 근본적으로 없게 할 수도 있다. 요즘 그런 현상이 일어나고 있다. 시어머니와 며느리의 관계보다 같은 여자라는 입장에서 서로 이해하고 도와주어 화목하게 지내며, 취미를 같이 즐기거나 여가를 함께 하는 사람도 있다.

가족은 사회를 구성하는 가장 기초 단위이고, 하늘이 내린 혈연관계이며, 사회생활에 필요한 지혜와 태도를 배우는 곳이므로 그 중요성은 아무리 강조하여도 지나치지 않을 것이다. 가족들이 화목하고 즐거움이 가득 차게 하기 위해서는 가족들이 모두 자기일을 성실히 하고 당당하게 행동하여야 한다. 이러면 부모님이 평안하게 지내시게 되는데, 부모님의 평안한 정도가 화목의 정도를 나타내는 척도가 될 것이다.

제16장

귀신鬼神이 덕德을 베푸는 것이

공자께서 말씀하시었다. "귀신鬼神이 덕德을 베푸는 것이 매우 무성하구나! 보려고 하여도 보이지 아니하고, 들으려고 하여도 들리지 아니하며, 모든 사물에 형태를 만들어 주어도 빠뜨린 것이 하나도 없네. 세상 사람들이 몸과 마음을 가다듬고, 단정한 옷으로 갈아입고, 제사를 지내어 받들어 모시게 하네. 온 곳에 두루 계시어서, 위에도 계시는 것 같고 양옆에도 계시는 것 같네!

子曰 鬼神之爲德 其盛矣乎 視之而弗見 聽之而弗聞 體物
자왈 귀신지위덕 기성의호 시지이불견 청지이불문 체물

而不可遺 使天下之人 齊明盛服 以承祭祀 洋洋乎如在其上
이불가유 사천하지인 재명성복 이승제사 양양호여재기상

如在其左右
여재기좌우

귀신鬼神 사람을 해친다고 하는 무서운 신神. 일반적으로 귀신을 나쁘게
보는 수가 많은데, 중용에서는 귀신과 신을 구별하진 않고 신비한 힘을
가진 존재로 봄. 신神은 양陽의 신, 귀鬼는 음陰의 신으로 구분하기도 함.
신神은 전지전능하지만 알 수도 없고 볼 수도 없을 뿐만 아니라, 그 의지
를 확인하기도 힘들어 오직 사람들은 신에게 은총이 내려지기를 기도하
거나 기원할 뿐임.

체물體物 여러 해석이 가능하며, 여기서는 만물에 형상을 주는 것으로 봄.
그러므로 만물에서 귀신으로부터 형상을 받지 못한 것은 하나도 없음을
의미함. 모든 것은 형체를 가지며, 동시에 혼을 가진다고 원시인은 생각
하였음. 귀신의 존재를 설명하여 보이지도, 들리지도, 형태도 없다고 해
석할 수도 있을 것임.

　신은 존재하는가? 아니면 사람이 지어낸 존재인가? 이 물음은
영원히 답이 나오지 않는 질문이 아닐까? 과학기술의 발달로 신
의 영역으로 보았던 것이 과학의 영역으로 들어왔다. 가장 두드
러진 것이 일기예보이다. 이젠 방송의 일기예보를 믿지, 점쟁이
에게 묻지 않는다. 그런데도 신의 존재에 대한 논의는 왜 계속되
고 있을까?

　원시사회에서는 사람에게 모든 것이 두려움의 대상이었고, 모
든 것이 사람과 같이 몸과 혼으로 되어있다고 믿었다. 사람은 나
약하고 주위에 일어나는 현상에 대하여 설명할 수 없었다. 차츰

깨어나면서 생명이 없는 것과 살아 있는 것을 구분하게 되고, 살아 있는 것도 움직이는 것과 그 자리에 박혀 있는 것을 분별하게 되고, 살아 있는 것은 모두 특성이 있다는 것을 알게 되었다. 그러나 사나운 동물이나 거대한 바위나 나무는 여전히 숭배의 대상이 되었다. 알 수 없는 것, 설명할 수 없는 것을 모두 신에 의한 것이라 여겼다.

모든 것에 신이나 혼이 있으며, 개별 신은 자신이 맡고 있는 분야를 관리하고 다스린다는 범신교가 있는가 하면, 신도 등급이 있어서 최고의 신이 있고, 그 밑에 각 분야를 다스리는 신이 있다고 하는 다신교도 있다. 여러 신을 믿기보다는 신은 오직 한 분뿐이고, 그 신은 전지전능하여 이 세상의 모든 것을 다스린다고 하고, 그 신을 전적으로 믿고 의지하는 것이 신의 은총을 더 받을 수 있는 것이라 여기고, 오직 그 유일신만 믿는 일신교도 있다. 이 종교는 이 세상도 그 신이 만들었다고 한다.

유교에서는 신의 존재를 긍정하지도 않고 부정하지도 않는다. 공자는 "사람도 제대로 섬길 수 없는데, 어찌 귀신을 섬길 수 있겠는가?(논어 선진)" 하였으나 "중용"에서는 "귀신이 덕을 베푸는 것이 무성하구나!" 하고, 신의 존재를 인정하는 것 같은 말을 하였다. 왜 보이지도 않고, 들리지도 않는 신이 있다고 하였을까? 광

대하고 위대한 자연에 대한 경외심과 사람으로서는 알 수 없고, 할 수도 없는 영역이 있다는 것을 깨달아서 겸손한 마음에서 신이 있다고 여긴 것이 아닌가 하는 생각이 든다. 살다 보면, 정말 희한한 일도 있다. 시험에 합격한 수험생들의 경험담을 들어보면, 전날 밤 꿈에 출제 문제를 알려주어 쉽게 풀었다고 하는 사람도 있고, 돼지꿈을 꾸어서 복권을 샀더니 당첨되었다고 하는 사람도 있다. 수험생은 열심히 하여 나름대로 예상 문제를 추렸는데, 그것이 꿈에 나타난 것이고, 복권은 비록 낮은 확률이나 누구나 당첨될 기회는 있다. 이렇게 설명하기보다는 그것은 신의 영역이라고 하는 것이 어떨까? 어느 것이 더 공감이 가는 설명인가? 어느 정도 낮은 확률이 있는 일이 일어나면, 신이 있다고 하겠는가?

모든 종교에서 말하는 신은 영적인 존재라서 일정한 형태를 갖지 않으며, 그리하여 보려고 하여도 보이지 않고, 들으려고 하여도 들리지 않으며, 다만 영적인 존재라 느낄 수는 있다고 하며, 신은 절대적 존재이고, 모든 것을 알 수 있고, 모든 것을 할 수 있는 전지전능의 존재이고, 어느 곳, 어느 때나 존재한다고 한다. 그러므로 신의 존재를 굳게 믿고, 신의 명령에 절대적으로 복종하고, 속이려고 하면 아니 된다고 한다. 신이 이러하니 안 믿고 받들지 않을 수가 있겠는가? 시골에서는 정월 대보름날 계곡이나 큰 바위나 나무 밑에 간단한 단을 설치하고 지성을 드리는 할머니들이 여전히 계신다. 오직 자식들 잘되기를 바라는 마음에서 비는데, 정성이 이만저만 아니다. 깨끗한 옷으로 갈아입고, 간단한 제물을 마련하여 두 손 모아 기원하신다. 그 할머니가 드린 지성으로 자식들이 한해를 무사히 보낼 것이라 굳게 믿으신다.

시경에서 '신神이 내려오시네! 그 덕德을 헤아리지 못하겠네! 하물며 어찌 싫어하겠소!'라고 했다. 무릇 작은 것이 잘 드러나고 성誠이 가리어질 수 없는 것은, 귀신이 드러나지 않지만 그 덕이 베풀어지는 것과 같다."

詩曰 神之格思 不可度思 矧可射思 夫微之顯 誠之不可揜
시왈 신 지 격 사 불 가 탁 사 신 가 역 사 부 미 지 현 성 지 불 가 엄

如此夫
여 차 부

격格 바로잡다, 때리다는 것을 뜻함. 여기서는 신이 내려오는 것을 의미함.

탁度 도度는 법령, 제도, 규격을 뜻하나, 여기서는 탁으로 읽고 헤아리다, 계산하다의 뜻으로 쓰임.

역射 사射는 주로 활쏘기를 뜻하나, 여기서는 역으로 읽고 싫어하는 것을 의미함.

신을 찬양하는 시와 노래는 많이 있다. 신의 은총으로 평안하고 번성하였으니, 거듭 은총을 내려주시기를 바라고 빈다는 내용이다. 종교를 신실하게 믿는 사람은 자기가 이룬 것은 모두 신

의 은총이라 여기고 헌금도 많이 한다. 특히 교회나 사찰의 큰 건물을 지을 때, 상상할 수 없을 정도의 거금을 헌금하는 사람이 있다. 그 사람들은 자기가 희사한 돈보다 몇 배의 은총을 입는다고 굳게 믿고 큰돈을 기부한다. 희사한 돈의 두 배의 은총을 입는다면 얼마를 희사하겠는가?

신의 은총이나 은덕은 내리는 것은 알 수 없고, 계산도 할 수 없으며 오직 느낄 뿐이다. 자기는 자신이 얼마나 성실하게 일하고 노력하는지를 스스로 잘 안다. 정말 열심히 하여 좋은 결과를 얻게 되면, 신의 은총이 자신에게 내려지고 있다는 것을 느낄 것이다.

◆◆◆

제17장

하늘로부터 합당한 명命을

공자께서 말씀하시었다. "순임금께서는 크고 훌륭한 효(대효大孝)를 행하는 분이 아니신가! 덕德으로는 성인이시고, 존귀하기로는 온 세상을 다스리는 임금이시고, 부유하기로는 온 세상을 다 가지시었다. 돌아가신 뒤는 종묘에 받들어 모시어지고, 자손들은 선조들께서 이루신 것을 잘 보존했다. 그러므로 크고 훌륭한 덕을 행하는 사람은, 반드시 알맞은 지위를 얻고, 반드시 합당한 녹봉을 받고, 반드시 빛나는 이름을 날리고, 반드시 걸맞은 수명을 누린다.

子曰 舜其大孝也與 德爲聖人 尊爲天子 富有四海之內 宗廟
자왈 순기대효야여 덕위성인 존위천자 부유사해지내 종묘

饗之 子孫保之 故 大德 必得其位 必得其祿 必得其名 必得其壽
향지 자손보지 고 대덕 필득기위 필득기록 필득기명 필득기수

대효大孝 태어날 때부터 성인의 자질을 타고 나서 그 본성에 따라 행동하
여도 모든 것이 효행孝行에 합당한 사람. 달효達孝는 성인의 자질을 갖고
태어나지는 않았으나 후천적으로 효孝의 중요성을 알고 힘써서 효행을
하는 사람. 중용에서 순임금을 대효라 하고, 무왕과 주공은 달효라 함.

유가에서는 효를 가장 중요한 덕목의 하나로 보았다. 다른 사
상이나 종교도 부모의 은덕을 고맙게 생각하고 부모를 잘 받들어
모시라고 하지만 "효"라는 개념은 없다. "효"는 고맙게 생각하고,
존경하고, 잘 봉양하고, 항상 부모의 은덕을 잊지 않고 기리고, 그
말씀을 받들어 따르는 것 모두 포함한 개념이다. 그러나 다른 종
교는 감사하라, 존경하라는 정도이다. 효를 중요시한 이유는 사
회의 기본 단위인 가족이 화목하고 든든하여야 사회 전체가 안정
되고 평화롭게 될 수 있고, 효를 잘하면 그만큼 인격이 수련되어
사회생활도 원활히 할 수 있다고 보았기 때문이다.

효를 행하는데 가로막고 있는 것이 갈등이다. 가족 간 일어나
는 갈등의 전형 중 하나가 아버지와 아들 간의 갈등이다. 부자간
에는 세대 차이가 나서 그에 의한 갈등, 남자라는 동성으로 서로
세력을 가지려는데 일어나는 갈등, 엄마를 사이에 두고 다투는
갈등 등이 있다. 어떤 것은 본능에서 우러나오는 것이고, 어떤 것

은 의견과 생활 자세의 차이에서 나오는 것도 있다. 본능에서 무의식적으로 나오는 것을 억제하려고 하지만 쉽게 해결되지 않으며, 그리스신화에는 오이디푸스콤플렉스가 있다. 가풍이나 사회의 풍조도 크게 영향을 미친다. 조선에는 유교를 숭상하여 효를 지극히 높게 평가하였으며, 효행을 잘하는 사람을 높게 평가하여 칭송하니 효행을 해야 하겠다는 마음을 가지게 된다. 이것이 본능을 억누르고 행동을 자제하게 한다.

유자有子(공자의 제자, B.C. 518~B.C. 458)가 "그 사람됨이 효성스럽고 우애가 있는 사람치고 윗사람을 해치기를 좋아하는 사람은 드물다(논어, 학이)."라고 하였는데, 일단 효성스러운 사람은 믿고 쓸 수 있는 인품을 가졌다고 보아도 될 것이다. 그러니 중요한 자리에 등용될 수 있다. 지금은 어떻게 인물을 평가하고 선발하는가? 능력보다는 인품이 사람이 모여 생활하는데, 더 중요한 것이 아닌가?

순임금은 효행을 잘하는 것으로 소문이 나서 임금 자리까지 오른 임금이다. 지혜롭고 겸손하여 가족이나 백성 모두를 화목하게 잘 살게 하여 중국 역사를 통해 가장 훌륭한 성군으로 칭송받는다.

그러므로 하늘(천天)께서 모든 것을 만드실 때, 그 재질에 따라 돈독하게 하여 만드시었다. 그러므로 심은 것은 북돋우어주고, 기울어지는 것은 넘어지게 하시었다.

故 天之生物 必因其材而篤焉 故 栽者 培之 傾者覆之
고　천지생물　필인기재이독언　고　재자　배지　경자복지

천지생물天之生物　유가에서는 하늘이 만물을 자연법칙에 따라 있게 하였다고 하지만, 창조하였다고는 아니함.

하늘이 만물을 만들 때, 그 재질에 따라 돈독히 하여 만들었고, 만물은 스스로 그 본성과 재질에 따라 나고, 자라고, 후손을 남긴다. 그러나 사람은 다르다. 사람은 자라면서 하고 싶은 것을 갖게 되고, 그것이 자기 자질과 어울리는지, 잘할 수 있는지를 명확하게 알지 못하는 상태에서 하고 싶은 것을 하려고 하는 수도 있다. 만일 선택이 바르게 되고, 선택한 것에 전력을 다하면 성공할 것이고, 그러하지 못하면 어려운 생을 보내게 될 것이다. 초, 중학생 때는 아직 사회를 모르고, 자신을 돌아보고 자기 앞날을 결정할 만큼 성숙하지 못하였다. 그러나 고등학생이 되면, 어느 정도 사회 물정도 알고, 자기 자질이 어떻다는 것을 알 수 있으므로 자기 자질에 따라 앞길을 선택하도록 이끌어주어야 할 것이다.

시경에 이르기를, '아름답고 즐거운 군자여, 그 덕이 빛나고 빛나네! 백성과 관리를 당당하게 잘 다스리시니, 하늘로부터 복을 받으시네! 하늘께서 돕고, 지켜주고, 명을 내려 이끌어주시니, 하늘로부터 그 은총이 거듭하시네!'라고 했다. 그러므로 크고 훌륭한 덕德을 행하는 사람은 반드시 하늘로부터 합당한 명命을 받는다."

詩曰 嘉樂君子 憲憲令德 宜民宜人 受祿于天 保佑命之 自
시왈 가락군자 헌헌영덕 의민의인 수록우천 보우명지 자
天申之 故 大德者 必受命
천신지 고 대덕자 필수명

가락군자嘉樂君子 나라를 잘 다스려 기쁘고 즐거운 군자. 성군.
헌헌영덕憲憲令德 헌헌憲憲은 매우 빛나는 것을 뜻하여, 현현顯顯과 같은 의미. 영令은 명령의 영의 뜻이 아니라, 여기서는 훌륭하고 아름다운 것을 의미함.
수록受祿 녹祿은 녹봉을 의미하여 경제적 혜택을 뜻하나, 여기서는 복福을 의미함.

임금이 나라를 잘 다스려 온 백성이 잘살게 되어 임금을 칭송하니, 그 임금은 얼마나 기쁘고 즐겁겠는가? 그렇게 된 것은 임금이 바르고, 임금이 바르니 관리들이 바르고, 관리들이 바르니 백성들도 바르게 되었기 때문이다. 제일 위의 임금부터 아래의 백성까지 모두 바르니, 나라가 잘될 수밖에 없다.

임금이 자연의 이치를 알고 사람의 도리를 알아서 홍수나 가뭄을 방지하기 위해 저수지를 건설하자고 하면, 온 백성이 스스로 공사에 참여하기를 바라고, 임금이 먼저 남에게 베풀고 백성들에게 그렇게 하라고 하니, 백성들이 어떻게 아니 따를 수가 있겠는가? 온 나라 사람, 임금이든, 대신이든, 관리이든, 백성이든 모두 한마음으로 나라를 이끌어가니, 모든 사람이 살기 바라는 그런 나라가 될 것이다.

제18장

하늘로부터 명命을 받아 덕을

공자께서 말씀하셨다. "근심 없는 사람은 오직 문왕文王뿐이지 아니한가! 왕계王季께서 아버님이시고, 무왕武王이 아드님이시다. 아버님께서 나라를 세우시고, 아드님이 그 나라를 이어받아 성장시키시었다. 무왕께서는 태왕太王, 왕계, 문왕 순으로 왕통을 이어받고, 한번 전쟁으로 온 세상을 가지게 되었고, 자신은 세상에 빛나는 이름을 잃지 않으셨다.

子曰 無憂者 其惟文王乎 以王季爲父 以武王爲子 父作之
자왈 무우자 기유문왕호 이왕계위부 이무왕위자 부작지

子述之 武王 纘大王王季文王之緒 壹戎衣而有天下 身不失天
자술지 무왕 찬태왕왕계문왕지서 일융의이유천하 신불실천

下之顯名
하 지 현 명

문왕文王 천하를 통일하는 주나라의 토대를 세운 초대 임금. 덕치로 주나
    라를 발전시켜 은나라의 3분지 2를 차지함.

왕계王季 문왕의 아버지.

태왕太王 주나라를 세운 문왕의 할아버지. 오늘날 섬서성 위수 일대에서
    은나라의 제후국인 주나라를 세움.

  주나라를 세운 문왕(주나라 시조, B.C. 1152~B.C. 1056)은 선
조의 뜻을 이어받아 자기가 다스리는 지역을 잘 다스리니, 인
근 지역을 다스리는 제후들도 문왕의 뜻에 따랐으며, 죽기 직전
에 은나라 제후들의 3분지 2가 은나라 왕실보다 문왕 편에 있었
다. 문왕은 자기 당대에 천하를 통일하여야 한다는 조급한 마음
을 갖지 않고, 그 뜻을 아들인 무왕에게 유업으로 전하였다. "은
나라를 물리치고 천하를 통일하여 온 백성이 잘 살도록 하라!" 무
왕(B.C. 1046년에 천하 통일, B.C. ?~B.C. 1043)은 선왕의 뜻을 이
어받아 천하를 통일하였는데, 한 번의 전쟁으로 통일 대업을 이
루어서 전쟁으로 인한 백성들의 피해를 최소한으로 줄였다. 이와
같이 무왕이 한 번의 전쟁으로 천하를 통일할 수 있었던 것은 문
왕과 그의 아버지인 왕계王季, 그 할아버지인 태왕太王이 기반을
닦아놓았기 때문이다. 무슨 일이든 대업을 이룩하려면 몇 대를
거치는 공덕이 있어야 한다.

문왕께서는 존귀하기로는 온 세상을 다스리는 임금인 천자天子가 되고, 부유함에는 온 세상을 다 가지게 되었고, 죽은 뒤에는 종묘에 받들어 모셔지고, 자손들은 선조들께서 이루신 것을 잘 보전했다.

尊爲天子 富有四海之內 宗廟饗之 子孫保之
존 위 천 자 부 유 사 해 지 내 종 묘 향 지 자 손 보 지

문왕은 주나라를 세우고, 아들이 천하를 통일하여 온 세상을 다 가지고 종묘에 주나라의 시조로 받들어 모시어졌지만, 순임금이 가진 것 중 단 하나는 갖지 못하였다. 인격적으로 훌륭한 성인의 대접은 받지 못하였다. 그것은 무력으로 왕의 자리에 올랐기 때문이다. 아무리 백성을 구하려고 천하를 통일하였지만, 무력에 의한 것은 바람직하지 않다는 것을 뜻한다. 아무리 목적이 좋고 타당할지라도 그 수단이 바르고 옳아야 한다.

지금은 정권을 잡기 위하여 수단과 방법을 가리지 않는 것 같고, 발달한 통신 기술을 이용하여 거짓 선전과 선동이 난무하고 있다.

왜 이렇게 되었을까?

무왕께서 늦게 하늘로부터 명命을 받아 덕을 베풀 세월이 길지 아니하여 주공周公께서 문왕과 무왕의 덕德을 잘 이루시었다. 태왕, 왕계 선조를 임금으로 추존하고, 그 위로 훌륭하신 선조들을 임금의 예禮로 제사를 지내고, 그 예禮가 제후, 대부, 관리와 서민에게까지 이르도록 하시었다.

武王 末受命 周公 成文武之德 追王大王王季 上祀先公以
무 왕 말 수 명 주 공 성 문 무 지 덕 추 왕 태 왕 왕 계 상 사 선 공 이

天子之禮 斯禮也達乎諸侯大夫及士庶人
천 자 지 례 사 례 야 달 호 제 후 대 부 급 사 서 인

무왕武王 문왕의 아들. 무력으로 종주국인 은나라를 멸하고 주나라로 천하를 통일.

주공周公 문왕의 아들이고 무왕의 동생이며, 무왕의 아들인 성왕의 삼촌. 어린 조카인 성왕을 도와 주나라의 문물제도를 정비함. 주나라의 제후국인 노나라의 제후로 봉해져 시조가 되었으나 조카인 성왕을 보좌하여 주나라를 크게 발전시킴.

성왕成王 무왕의 아들. 어린 나이에 임금 자리에 올라 삼촌인 주공의 도움으로 주나라의 문물제도를 정비하여 나라를 잘 다스렸음.

무왕이 천하를 통일하였지만 3년 뒤에 사망하여, 그 아들인 성왕(?~B.C. 1021)이 왕위를 이어받았다. 성왕이 왕위에 올랐지만 나이가 어려서 제대로 나라를 다스릴 수 없었다. 건국 초기에 은나라를 따르는 세력이 아직 남아 있었고, 통일되고 난 뒤, 왕권을 장악하기 위한 왕족 간의 권력 다툼도 있었다. 이런 건국 초기의 난관을 잘 극복하고 나라를 안정시킨 것은 무왕의 동생이요, 성왕의 삼촌인 주공(문왕의 넷째 아들, 생몰연대 미상)이다. 주공은 어린 조카인 성왕을 잘 보필하여 주나라의 토대를 마련하였고, 성왕이 성인이 되자 성왕에게 친정하라며 섭정의 자리를 내놓고 신하의 자리로 물러났다.

유가에서는 주공은 비록 임금은 아니지만 높이 평가하여 7대 성군의 반열에 올렸다. 조선의 세조는 어린 조카인 단종을 폐위하고 자신이 임금의 자리에 올랐는데, 주공과는 대조적이다. 만일 세조가 주공처럼 하였다면, 조선의 역사는 어떻게 되었을까?

주공은 문왕과 무왕의 업적을 이어받아 주나라의 문물제도를 정비하였다. 통일에 공이 있는 왕족이나 공신을 제후로 임명하여 봉토를 주고 다스리게 하는 봉건제를 수립하였고, 국가와 집안에서 지내는 각종 의식의 방법과 지내는 절차를 정하여 온 나라에 시행되도록 하였다.

아버지가 대부이고 아들이 관리이면, 장례는 대부에 맞게 하고, 제사는 관리에 맞게 하며, 아버지가 관리이고 아들이 대부이면, 장례는 관리에 맞게 하고, 제사는 대부에 맞게 하여야 한다. 삼촌과 형제의 죽음을 슬퍼하는 일 년 상례喪禮는, 서민에서 대부까지 이르고, 삼 년 지내는 부모에 대한 상례는, 임금에게도 이르므로, 임금도 그 예를 행하여야 한다. 부모의 상례는 귀천에 관계없이 하나의 상례가 있을 뿐이다.

父爲大夫 子爲士 葬以大夫 祭以士 父爲士 子爲大夫 葬以
부 위 대 부　자 위 사　장 이 대 부　제 이 사　부 위 사　자 위 대 부　장 이

士 祭以大夫 期之喪 達乎大夫 三年之喪 達乎天子 父母之喪
사　제 이 대 부　기 지 상　달 호 대 부　삼 년 지 상　달 호 천 자　부 모 지 상

無貴賤一也
무 귀 천 일 야

사람이 많이 모이는 행사는 그것이 국가에서 하든, 지역에서 하든, 또는 집안에서 하든, 그 절차와 방법이 정해져 있어야 혼란이 없고 질서정연하게 진행될 수 있다. 무엇보다 그 행사의 목적을 달성하도록 하여야 하며, 그 행사에 참석한 사람들이 같은 마음을 가지도록 하여야 하며, 그 규모와 비용은 그 행사의 목적에 맞아야 한다.

행사의 기준은 그 행사의 중요도, 참석하는 사람의 비중과 수, 예산 규모에 따라 정하여야 한다. 그래서 국가행사는 그것을 주관하는 기관이 있고, 가문에는 담당하는 사람이 있다. 아무리 사전 준비를 철저하게 하였지만, 당일의 일기, 예상치 못한 참석 인원, 준비물의 미비 등으로 차질이 있을 수 있지만, 행사의 뜻을 살펴 비판이나 불만은 가능한 자제하고, 주관기관이나 담당자의 안내에 따르는 것이 예의이다.

가족 간에 지내는 주요 행사는 성년식, 결혼식, 장례식과 제사가 있다. 집안 행사인 만큼 집안의 의견이 중요하다고 하여 마음대로 할 수 없는 것이다. 기준을 정하여 그에 따를 것을 명하지 않으면, 가문을 자랑하거나 그 세력을 드러내기 위하여 웅장하고 사치스럽게 하려고 할 것이다. 시대에 따라 변하니 일률적으로 말할 수는 없다. 다만, 행사의 목적을 최대한 살릴 수 있도록 하여야 한다는 것은 항상 염두에 두어야 한다.

요즘 결혼식에 참석하여야 하는지, 문상해야 하는지를 두고 고민하는 사람이 많다. 결혼은 혼주를 보고 가고, 문상은 상주를 보고 간다. 세상이 변하여 반려견이 죽었을 때도 문상하는 것이 일반화되는 경우, 문상해야 하는가? 자기가 죽은 뒤 남아 있는 반려견에게 유산을 물려주는 것은? 세상이 변한다면.

◆◆◆

제19장

무릇 효孝라는 것은

공자께서 말씀하시었다. "무왕과 주공께서는 힘써서 큰 효(달효達孝)를 이룩하신 분이 아니신가!" 무릇 효라는 것은, 선조의 뜻을 잘 이어받아 그분들이 이룩하신 것을 더욱 성장, 발전시키는 것이다. 봄가을로 조상을 모신 사당을 수리하고, 내려오는 제기를 진열하여 정돈하고, 입으셨던 옷을 걸쳐놓고, 제철에 나는 음식을 올리는 것이다.

子曰 武王周公 其達孝矣乎 夫孝者 善繼人之志 善述人之
자왈 무왕주공 기달효의호 부효자 선계인지지 선술인지

事者也 春秋 修其祖廟 陳其宗器 設其裳衣 薦其時食
사자야 춘추 수기조묘 진기종기 설기상의 천기시식

달효達孝 순임금처럼 태어날 때부터 어질고, 살면서 효행을 지극하게 하면

178 마음으로 읽는 중용

대효大孝라 하고, 태어날 때는 보통 사람과 같으나 효孝의 중요성을 깨달아서 지극한 효행을 하는 것을 달효라고 함.

유가에서는 효孝를 중시한다. 어떻게 한 것이 효인가? 효는 "공경하는 마음으로 부모님을 편히 모시는 것이다."라고 할 수 있다. 그러면 부모님을 편히 모시는 것은 어떤 것인가? 하는 물음이 나올 수 있다. 그것은 부모님의 뜻을 잘 이어받고, 부모님의 하신 일을 잘 이루고, 부모님의 은덕을 잊지 않고 형제끼리 잘 지내는 것이다. 당장 부모님의 가업을 이어받는 것이 농업사회도 아닌 산업사회에도 가능한가? 부모님은 자식들이 건강하고 안정된 삶을 살아가고, 후손들이 번창한 것을 바라고 계신다는 것을 안다면 답이 나올 것이다.

부모를 잘 모시는 것은 살아계시는 동안 잘 봉양하고, 돌아가실 때는 슬픔을 다하고, 상례가 끝난 뒤에는 제사를 지냄으로 부모님을 잊지 않고 그 은덕을 기리는 것이다. 즉 봉양, 상례 및 제사가 중요하다. 상례는 슬픈 일, 즉 애사哀事이나 제사는 즐거운 의식, 즉 길례吉禮라는 것을 명확히 알아야 한다. 살아 있는 생명체가 죽는다는 것은 슬픈 일이다. 그러나 너무 지나치게 슬퍼하여 몸을 상하게 하는 것은 부모님이 바라시지 않는다는 것을 새겨야 하고, 제사는 슬픔이 끝난 뒤 부모님의 은덕을 잊지 않고 기리고자 후손들이 모두 모여 정을 나누는 것이므로 후손들이 많이 참석하여 화목을 다지고, 서로 도와줄 것이 있으면 돕고, 칭찬할 것이 있으면 칭찬하고, 격려할 것이 있으면 격려하여 주는 기회이고 장소이다. 그러므로 허례허식보다는 참여하는 사람들의 마음가짐이 중요하다.

종묘에서 예禮를 드리는 것은 소목昭穆의 순서에 따라 하고, 벼슬의 순서는 귀천을 구분하는 것이고, 예를 올리는 순서는 어질고 현명한 정도를 구분하는 것이고, 제사 뒤 음식을 나눌 때, 아랫사람이 윗사람에게 술잔을 올리게 하는 것은 아랫사람에게까지 조상의 덕을 함께하자는 것이고, 머리 색깔로 자리를 정하는 것은 나이에 따르는 것이다.

宗廟之禮 所以序昭穆也 序爵 所以辨貴賤也 序事 所以辨
종 묘 지 례　소 이 서 소 목 야　서 작　소 이 변 귀 천 야　서 사　소 이 변

賢也 旅酬 下爲上 所以逮賤也 燕毛 所以序齒也
현 야　여 수　하 위 상　소 이 체 천 야　연 모　소 이 서 치 야

소목昭穆　종묘나 사당에서 선조의 신위를 모시는 순서. 태조나 시조가 가운데 위치하고, 왼쪽(소昭)은 아들, 증손자 순으로, 오른쪽(목穆)은 손자, 고손자 순으로 하여 부자가 엇갈리도록 모시는 방법. 일반적으로 부자 사이에는 갈등이 있을 수 있으나 할아버지와 손자 사이는 좋은 관계를 갖는 수가 많으므로 한 대씩 띄워서 모심.

여수旅酬　제사를 지내고 난 뒤, 나이와 신분과 계급에 차이를 두지 않고 모두가 음식을 함께 나누는 것. 음복飮福이라 하며, 제사에 참석한 모든 사람이 한마음을 가지려고 하는 의식.

왕실에서 조상을 기리는 제사를 종묘에서 지낸다. 종묘에 선대의 임금을 모시는 순서가 있으며, 창업 군주의 신위를 가운데 두고 왼쪽에는 아들, 오른쪽에는 손자, 아들 왼쪽은 증손자, 손자 오른쪽은 고손자를 위치하게 한다. 이것을 소목의 순서라 한다. 우리나라 종묘에는 달리하고 있다. 우리나라 종묘에는 제일 서쪽인 왼쪽에 태조를 모시고, 그 다음부터 동쪽, 즉 오른쪽으로 순서대로 모신다. 살아있는 동안은 동쪽이 상석이나 사후 세계는 서쪽이 상석이라 그렇게 한다고 한다.

제사는 후손들이 조상을 기리면서 화목을 다짐하는 자리인 만큼, 비록 자리는 직위에 따라 정하고 제사에서 맡는 역할은 잘할 수 있는 사람을 골라 시키지만, 제사가 끝난 뒤 음식을 나눌 때는 벼슬이 높고 낮은 것에 구분하지 않고 술잔을 주고받게 하고, 벼슬에 관련 없이 나이 든 사람을 상석에 앉도록 하여, 제사에 참석한 후손들이 아무도 소외되지 않도록 하고 모두가 한마음을 가지도록 하여야 한다.

선조를 잊지 않고 기리기 위하여 가능한 전통적인 의례는 변경하여야 할 뚜렷한 이유가 없으면 그대로 하고, 선조들께서 존중하거나 좋아했던 분들을 모셔서 조상을 잊지 않도록 하여야 한다. 지금도 살아 계시는 것 같이 한다면, 이것이 바로 지극한 효이다.

윗대로부터 이어받은 직위를 잘 실천하며, 선조로부터 행하여지고 있는 예를 잘 행하고, 선조의 음악을 연주하고, 선조께서 존중하신 분을 받들고, 좋아하신 분을 사랑하며, 돌아가시어 상중喪中일 때는 마치 살아계신 것 같이 섬기고, 상喪이 끝나 제사 지낼 때는 역시 계시는 것 같이 잊지 않고 섬기는 것이 지극한 효孝인 것이다.

踐其位 行其禮 奏其樂 敬其所尊 愛其所親 事死如事生 事
천 기 귀 행 기 례 주 기 악 경 기 소 존 애 기 소 친 사 사 여 사 생 사

亡如事存 孝之至也
망 여 사 존 효 지 지 아

제사는 함께 하여 한마음을 가지고 화목을 다지는 기회이고 장소이다. 사람 사이에는 무엇보다도 공감하고 한마음을 갖는 것이 중요하므로, 그런 분위기를 만들기 위하여 각종 의식을 치르는 것이다. 각종 의식을 오늘날에서 보면 헛된 것같이 느껴질지도 모른다. 그러나 믿고 의지할 가족이 있고 보살펴주는 조상이 있다고 생각하면, 얼마나 마음에 의지가 되고 든든하겠는가? 한 편의 영화를 보는 것보다 더 마음의 위로가 되지 않을까? 아름다운 풍경을 보고 즐길 수 있지만, 친척들이 함께 모여 놀이를 하는 것도 역시 즐거운 것이다.

하늘과 땅에 지내는 예禮는 하늘이신 상제上帝를 섬기는 것이고, 종묘에서 지내는 예禮는 선조에게 제사 지내는 것이다. 하늘과 땅에 드리는 의식과 봄가을로 조상에게 드리는 제사의 의미에 모두 밝으면, 나라를 다스리는 것은 마치 손바닥을 보는 것과 같이 쉬울 것이다.

郊社之禮 所以事上帝也 宗廟之禮 所以祀乎其先也 明乎郊
교 사 지 례 소 이 사 상 제 야 종 묘 지 례 소 이 사 호 기 선 야 명 호 교

社之禮 禘嘗之義 治國 其如示諸掌乎
사 지 례 체 상 지 의 치 국 기 여 시 저 장 호

교사郊社 교郊는 임금이 하늘에 지내는 제사, 사社는 임금이 땅에 지내는
　제사. 즉 천지인으로 자연에 드리는 제사.
체상禘嘗 체禘는 천자가 태묘太廟에 3년마다 지내는 큰 제사, 상嘗은 종묘
　에서 매 가을에 지내는 제사. 즉 조상에 올리는 제사.

하늘과 땅에 지내는 제사는 재해가 일어나지 않도록 빌고, 만일 재해가 일어나면, 모두 힘을 합쳐 그 위기를 극복하자고 다짐하는 자리이고, 봄가을로 조상을 모시는 제사는 왕실 친족들이 권력을 두고 다투지 않고, 왕실 규범에 따라 행동할 것을 맹세하고 화목하게 지내도록 우의를 다지는 자리이다. 만일 모두가 그렇게 하여야 한다고 다짐한다면, 정치는 저절로 이루어질 것이다.

제4편

성誠의 의미와 실천

성誠이란 자기의 몸과 마음을 다하는 것이며, 힘들고 어렵
더라도 그렇게 하면, 바라는 것이 이루어진다. 비록 이루
어지지 않더라도 남을 탓하지 않고, 잘못된 원인을 자신에
게 찾고 더욱 힘쓰면 이루어지고 마음이 평안해진다.

제20장

정치에 관하여

노나라 애공哀公이 정치에 관하여 물어서 공자께서 답하시었다. "문왕과 무왕의 정치는 목판과 죽간에 널리 실려있습니다. 훌륭한 사람이 있으면 정치는 잘 이루어지고, 훌륭한 사람이 없으면 정치는 이루어지지 않습니다. 사람의 도道는 정치를 잘 되게 하고, 땅의 도道는 나무가 쑥쑥 자라게 하니, 무릇 정치라는 것은 풀과 같습니다.

哀公 問政 子曰 文武之政 布在方策 其人存則其政擧 其人
애공 문정 자왈 문무지정 포재방책 기인존즉기정거 기인
亡則其政息 人道 敏政 地道 敏樹 夫政也者 蒲盧也
망즉기정식 인도 민정 지도 민수 부정야자 포로야

방책方策 나무로 만든 것을 방方이라 하고, 대나무로 만든 것을 책策이라

함. 종이가 발명되기 전 중요한 것을 기록함.

기인其人 도덕적으로나 능력에 있어 훌륭한 사람. 기其는 좋은 것이나 훌
    륭한 것을 뜻하는 의미로, 기정其政도 역시 같은 의미로 해석.

노나라 애공哀公(?~B.C. 468, 노나라 27대 군주, 재위 기간 B.C. 494~
B.C. 468)은 권력을 장악한 대부들이 마음대로 하는 것을 막고, 왕
권을 확립하여 나라를 제대로 다스리고자 공자에게 정치에 대하
여 자문하는 등 노력하였지만, 뜻대로 이루지 못하고 비참하게
최후를 맞았으며, 죽은 뒤에 불려지는 이름인 시호諡號도 애공哀
公이 되었다. 기울어지고 있는 나라를 다시 제자리로 돌려놓는
것은 거의 불가능에 가까우며, 역사상 훌륭한 중흥 군주가 나타
나 잠시 국력이 회복되는 것 같지만, 결국 쇠망의 길로 들어서 나
라가 망한 경우가 대부분이다.

공자는 좋은 정책이 많이 있지만, 그것을 실행할 훌륭한 사람
이 중요하다고 말하며, 군주가 하여야 할 일들을 제시하고, 그것
들을 왜 하여야 하는지, 어떻게 하면 그것을 할 수 있는지, 그 효
과는 어떤 것인지를 체계적으로 설명하였다.

유가에서는 자리가 높을수록 그 자리에 앉는 사람은 더욱더 훌

룡하여야 한다고 하며, 높은 사람에 대하여 엄격한 윤리 기준을 적용하여야 한다고 주장하였다. 임금이 바르면 대신이 바르고, 대신이 바르면 관리들이 바르고, 관리들이 바르면 백성들도 바르게 된다고 하였다. 위로 임금부터 아래로 백성까지 바르게 된다고 하였다. 지금 정치하는 사람들이 이런 마음을 가지고 정치한다고 할 수 있을까? 나라를 잘 다스리려고 하는 것보다는 거짓과 선동으로 당선되면 권력을 누리려고만 하는 것 같이 보인다.

훌륭한 인물이 있으면 정치는 저절로 잘 이루어지고, 그렇지 않으면 정치는 제대로 되지 않으니, 임금 자신부터 훌륭한 사람이 되도록 노력하고, 훌륭한 사람을 골라 나랏일을 하게 하여야 한다. 이러면 중용의 도가 위에서부터 아래까지 두루 행하여지게 되어, 정치는 기름진 땅에 풀이 잘 자라듯이 저절로 잘 된다.

그러므로 정치하는 것은 훌륭한 사람을 얻는 데 있고, 훌륭한 사람을 얻는 것은 자기의 인격에 달려있고, 자신의 인격은 도道로서 닦아야 하고, 도를 닦는 것은 어질고 너그러운 마음으로 하여야 합니다.

故 爲政 在人 取人以身 修身以道 修道以仁
고 위정 재인 취인이신 수신이도 수도이인

먼저 임금이 훌륭한 사람이 되어야 하는데, 그 방법은 자신을 충실히 하여 최선을 다한다는 마음을 가져야 하고, 사람과의 관계는 자기의 의견이나 주장을 말하기보다 다른 사람의 말을 듣고 이해하여 공감을 가져야 하고, 항상 남을 배려한다는 마음으로 대책이나 정책을 찾아 시행하여야 한다고 하였다.

이것이 바로 덕치德治의 기본이다.

어진 것(인仁)이란 사람다운 것으로, 친척과 잘 지내는 것이 크고 가장 중요하며, 의로운 것(의義)은 떳떳하고 마땅한 것으로, 어질고 지혜로운 사람을 존중하는 것이 크고 가장 중요합니다. 친척 사이에 혈육의 가까운 정도가 점점 줄어들고, 사람의 어질고 지혜로운 정도에 차이가 있어 존중하는 것에 등급이 있는 것이, 예禮가 생기는 까닭입니다.

仁者 人也 親親 爲大 義者 宜也 尊賢 爲大 親親之殺 尊賢
인 자 인 야 친 친 위 대 의 자 의 야 존 현 위 대 친 친 지 쇄 존 현

之等 禮所生也
지 등 예 소 생 야

인仁 사람의 마음의 상태나 성질을 나타내는 것으로 어질다, 너그럽다, 마음이 넓다 등으로 뜻할 수 있으나 한마디로 나타내기가 곤란하여 공자께서도 묻는 사람에 따라 인仁의 해석을 달리함. 유가의 가장 기본적이고 중요한 덕목이다.

의義 바르고, 떳떳하고, 당당하게 행동하는 것. 인仁이 마음의 상태를 말하고, 그 마음에 따라 밖으로 나타나게 행동하는 것을 의義라 함.

사람과의 관계에 있어서 사람을 이해하고 받아주는 너그러운

마음을 가지는 것이 중요하고, 그런 마음으로 일을 할 때, 그 일이 마땅하고 당당한지를 따져보아 그렇다고 생각하면 착실히 이행하여야 한다. 너그러운 마음은 가까이 있는 가족과 친족부터 시작하여 다른 사람에게 점점 넓혀가고, 마땅하고 당당한지는 학식이 높고 인품이 훌륭한 현인賢人에게 물어야 한다.

모든 친척이나 현인에게 똑같은 대우를 하는 것이 얼핏 보기는 옳은 것 같지만, 토지, 재물, 자리에 한계가 있어 그것을 현실에 그대로 적용할 수 없다. 한정된 것을 어떤 사람이라도 수긍할 수 있는 기준에 따라 배분하면 불평이나 불만이 없을 것이다. 그 기준이 관행이 되고 법이 된다.

이것이 바로 예禮이고, 예가 나오는 근거이다.

이와 관련된 것이 차등과 차별의 문제이며, 합리적이고 타당한 기준에 근거하여 차이를 두는 것을 차등이라 하고, 아무 기준 없이 마음대로 하거나 불합리한 기준에 따라 차이를 두는 것을 차별이라 한다. 차등은 모두가 받아들일 수는 없지만, 불가피하다고 생각하여 대부분이 받아들이는 것이고, 차별은 합리적이거나 정당하지 못한 기준에 의한 것이니 대부분이 받아들일 수 없는 것이다. 차별이 있는 사회는 어지러워지거나 혼란해지고, 마침내 소요 또는 반란으로 발전한다.

그러므로 군자는 자신을 닦지 아니할 수 없고, 자신을 닦는 것을 생각한다면 어버이를 잘 섬기지 아니할 수 없고, 어버이를 섬기는 것을 생각한다면 사람을 알지 않으면 안 되고, 사람을 아는 것을 생각한다면 하늘의 이치를 알지 아니할 수 없습니다.

故 君子 不可以不修身 思修身 不可以不事親 思事親 不可
고 군자 불가이불수신 사수신 불가이불사친 사사친 불가

以不知人 思知人 不可以不知天
이부지인 사지인 불가이부지천

가까운 사람이나 아는 사람, 또는 호감이 가는 사람에게 더 잘 해주어 친밀한 관계를 갖고자 하는 것은 사람의 마음이다. 나라나 기업과 같이 많은 사람을 이끌어가는 곳에서는 이 조그마한 배려가 큰 화근이 될 수 있다. 물론 조그마한 배려가 필요하여 예외적으로 하여야 할 경우도 있다. 이때는 그 배려의 필요성을 널리 알리고 모두가 받아들이도록 하고, 이런 사례가 쌓여서 관행이나 기준이 되도록 하여야 한다. 그러므로 사람을 이끌어 갈 때는 세밀히 관찰하고, 관찰에서 얻은 결론이 합리적이고 타당한지 항상 살펴보아야 한다.

이렇게 하기 위해서는 먼저 자신을 닦아야 한다. 어떤 것이 옳은지를 알고, 옳다고 생각하는 것은 힘써서 실천하고, 행동할 때는 남을 배려하는 마음을 가지는데 사사로운 마음은 없어야 한다. 자기를 닦으려면 부모를 잘 받들어 모셔야 하고, 부모를 잘 모시려면 사람의 마음을 알아야 한다. 사람의 마음을 알려면 역시 자연의 이치도 알아야 한다. 자신을 알고, 부모를 알고, 사람을 알고, 자연을 알면, 모든 일이 순조롭게 될 것이다.

사람을 알아야 근심이나 걱정이 없고, 항상 옆에 있으면서도 멀리 느껴지는 자연을 알아야 앞으로 닥칠 큰 걱정거리를 미리 막을 수 있다.

세상에 힘써서 하여야 하는 달도達道에 다섯 가지가 있고, 그것을 행하는 방법은 세 가지가 있습니다. 임금과 신하, 아버지와 아들, 지아비와 아내, 형과 아우, 친구 사귐에 관한 도道가 그 다섯 가지이고, 이것이 세상에서 힘써서 행하여야 하는 달도達道입니다. 아는 것(지知), 어진 것(인仁), 용감한 것(용勇), 이 세 가지는 세상에서 힘써서 행하여야 하는 달덕達德이고, 그것을 하는 방법은 하나일 뿐입니다.

天下之達道 五 所以行之者 三 曰 君臣也 父子也 夫婦也
천 하 지 달 도 오 소 이 행 지 자 삼 왈 군 신 야 부 자 야 부 부 야

昆弟也 朋友之交也 五者 天下之達道也 知仁勇 三者 天下之
곤 제 야 붕 우 지 교 야 오 자 천 하 지 달 도 야 지 인 용 삼 자 천 하 지

達德也 所以行之者 一也
달 덕 야 소 이 행 지 자 일 야

달도達道 어렵지만 힘써서 하여야 하는 도리로 어느 때, 어느 곳에도 통하는 도道. 사람은 신과 같이 전지전능하지 않으므로 행동하면 저절로 도에 맞는 것이 아니라, 도道를 알아 힘들지만 그에 따르도록 하여야 하는 존재임.

중용의 도는 사람 사이에서 사람다운 도리를 하는 것이다. 사람은 태어나면서 사람과의 관계를 갖는다. 부모와 형제 등 혈연

관계를 갖고 자라면서 이웃 친구, 동창생이 생기고, 같은 취미를 가진 모임도 가질 수 있으며, 생업에 종사하면서 직장 동료나 상하 관계를 갖는다. 활동 범위가 넓고 다양할수록 그 관계는 복잡하여지고, 각 관계는 나름의 도리가 있다. 이런 복잡한 관계를 그 특성에 따라 나누고, 그 관계를 유지하는데 필요하고 마땅한 도리를 말할 수 있지만, 세분하여 그 특성을 모두 말하면 복잡해져서 오히려 이해하기가 힘들 수도 있다. 사람의 관계를 혈연관계와 협력, 협조, 명령 관계로 단순하게 나눌 수도 있다. 그 대표적인 관계가 부자, 부부, 형제 관계와 군신, 친구 관계이다.

혈연관계인 부자, 부부, 형제 관계는 친족애親族愛라는 것 있어 다른 관계와 다르며, 사람이 처음 접하는 관계이면서 그 관계에서 익힌 것이 사회관계에도 적용됨으로 중요하다고 하겠다. 혈연관계 이외의 관계, 즉 사회적 관계는 협력, 협조 관계와 상하 명령 관계로 양분할 수 있다. 친구 관계는 동등한 입장에서 서로 협력, 협조하는 관계라 하겠고, 군신 관계는 명령을 주고받는 상하 관계로, 직장 생활을 하게 되면 유사한 관계를 갖게 된다.

먼저 가족 관계를 살펴보면, 부부는 서로 성별은 다르지만 가족이라는 울타리 안에서 공동의 목적을 갖는 관계이고, 가족의 중심이 되며 전 가족들에게 크게 영향을 미친다. 부부는 서로 존중하고 역할을 적절히 분담하여 각자 맡은 일을 성실히 함으로 가정을 화목하게 하여야 한다. 부자 관계는 갈등이 쉽게 일어나는 관계인데, 이 관계에 있어서 가장 중요한 것은 서로 이해하는 것이다. 부자간에는 서로에 대한 기대가 크고, 그만큼 불만이 많을 수 있다. 그것은 사랑하는 가족이므로 일어나는 것이라 이해하고 세대 간 의견 차이, 가치관에 따른 의견 차이, 지식과 경험에 따른 사고의 차이 등이 있음을 인정하고 차이의 간격을 좁혀 나가도록 하여야 한다. 형제간에도 서로 이해해주고, 도와주고, 격려해주고, 나누어준다면, 의지하고 협력할 수 있는 좋은 관계인데, 상대방에 대한 기대가 커서 역시 갈등의 골이 깊어질 수 있는 관계이다. 나이 많고 적음을 따지는 옛날과 달리 동등한 관계에서 합리적인 방법으로 문제를 다루고, 먼저 형이 양보하는 자세를 가져서 우애를 다지도록 하여야 한다.

불편 없이 의견을 나누고 의지할 수 있는 관계가 친구 사이다. 점점 깊어지면 서로 의지할 수 있을 뿐만 아니라, 공동의 목적이나 취미를 가지고 관계를 더 긴밀히 할 수 있는 관계이기도 하다. 사람 관계에 있어서 신뢰가 중요하며, 신뢰가 없으면 아무것도 이룰 수 없다는 것을 깨달아 친구 사이에 신뢰를 쌓도록 하여야 한다. 이 관계에서 쌓인 신뢰는 다른 관계에도 넓게 적용될 수 있다.

사람 사이에서 가장 껄끄러운 관계가 상하 관계이다. 주어진 일을 효율적으로 하기 위하여 여러 사람이 모여 일한다. 여러 사람이 함께 일하면, 혼자서는 할 수 없는 무거운 것도 옮길 수 있고, 특별한 재능 있어야 하는 일은 적합한 사람을 골라 하게 할 수 있고, 각 분야를 나눠 작업을 하면 숙련되는 기간도 짧아지고, 혼자 하면 위험한 일도 여러 사람이 하면 안전하게 할 수 있고, 함께 하면 즐거운 분위기에서 일할 수도 있는 등 여러 이점이 있다. 이런 이점이 제대로 발휘되려면 종합적으로 통솔하는 것이 필요하다. 그래서 여러 사람이 일하면, 명령, 지시 체계가 확립되어야 하고 상하 관계가 생긴다. 위에 있어 지휘, 통솔하는 사람은, 아랫사람이 아는 것도 경험도 부족하다고 보고 얕잡아보는 경향이 있다. 자기도 과거에는 그러하였다는 것을 생각하고, 아랫사람이 빨리 자기 능력을 발휘할 수 있도록 알려주고 이끌어주어야 한다. 그렇게 하여야 아랫사람이 잘하여 자기 성과도 높아질 것이다.

　　근대에 들어서 민주제도가 도입되어 군신 관계는 없는 것 같이 보이지만 여전히 비슷한 관계가 존재한다. 옛날의 임금과 대부의 관계가 지금은 대통령과 장관, 재벌 회장과 사장과의 관계와 같다. 장관은 대통령을 보좌하여 자기가 하는 일에 대하여 바른 정책을 결정하도록 보좌하는 동시에 결정된 정책을 책임지고 효율적으로 추진하여야 할 책무가 있다.

지금 우리나라에서 그런 관계로 보는가? 대통령이 막강한 참모진을 두고 정책을 결정하고, 장관은 단지 집행하라는 명령을 받아 그대로 시행하는 것 같이 보인다. 대통령 참모들도 전문가이고, 부처의 장관을 비롯한 공무원들도 전문가이지만 입장에 차이가 있다. 대통령 참모는 이상에 흐르거나 득표에 기울어진 정책을 선택하기가 쉽고, 장관과 공무원들은 현실에 안주하기 쉽다. 꽃이 없는 나무는 아름답지 못하고, 꽃을 피우는 나무는 흙에서 자란다는 것을 알아서 꿈은 현실을, 현실은 꿈을 서로 고려하여야 한다.

부자, 군신, 부부 등의 관계를 원활히 하는 다섯 달도達道를 잘 행하면, 중용의 도가 실행되어 세상이 평안할 것이다. 다섯 달도를 잘하려면 사람이 갖추어야 할 것이 있다. 그것은 지知, 인仁, 용勇이며, 이 세 가지는 힘써서 행하여야 하는 달덕達德이다.

덕을 갖추어 도를 행하여야 하는데, 하는 방법은 단 하나, 바로 성誠, 이것 하나이다.

어떤 사람은 태어나며 알고, 어떤 사람은 배워서 알고, 어떤 사람은 어렵게 알게 되지만, 알게 되면 모두가 하나일 뿐입니다. 어떤 사람은 힘들이지 않고 쉽게 하고, 어떤 사람은 이로워야 하고, 어떤 사람은 온 힘을 다하여 무척 애써야 할 수 있지만, 공을 이룬다면 모두가 같은 하나일 뿐입니다."

或生而知之 或學而知之 或困而知之 及其知之 一也 或安
혹 생 이 지 지 혹 학 이 지 지 혹 곤 이 지 지 급 기 지 야 일 야 혹 안

而行之 或利而行之 或勉强而行之 及其成功 一也
이 행 지 혹 이 이 행 지 혹 면 강 이 행 지 급 기 성 공 일 야

사람의 자질에는 차이가 있다. 차이가 크게 나고 중요한 것은 지적 수준과 실천하는 실행력이다. 총명한 사람은 태어나며 안다고 할 정도이나, 대부분 사람은 배워서 알거나 직접 경험하여 힘들게 알게 된다. 어떻게 하든 알게 되면, 아는 것은 같으므로 자신의 지적 능력을 탓하기보다는 힘써 노력하여 알도록 하여야 한다. 아는 것을 실천하는 데도 사람마다 차이가 있는데, 결국 달성하면 같으므로 능력이 모자라는 것을 비관하지 않고 꾸준히 하면 사람이 할 수 없는 일은 없다는 마음을 갖고 하여야 한다. 그러면 결국 이루어질 것이다. 쉽게 알고 힘들이지 않고 이루는 것보다, 어렵게 알고 힘들게 이루면 그 성취감은 더 클 것이다.

공자께서 말씀하시었다. "배우는 것을 좋아하는 것(호학好學)은 아는 것(지知)에 가깝고, 애써서 행하는 것(역행力行)은 어진 것(인仁)에 가깝고, 부끄러움을 아는 것(지치知恥)은 용감한 것(용勇)에 가깝습니다. 이 세 가지를 아는 것이, 바로 자신을 닦는 방법이고, 자신을 닦는 방법을 알면 사람을 다스리는 방법을 알고, 사람을 다스리는 방법을 알면 온 세상이나 나라를 다스리는 방법을 알 수 있습니다.

子曰 好學 近乎知 力行 近乎仁 知恥 近乎勇 知斯三者則知
자 왈 호 학 근 호 지 역 행 근 호 인 지 치 근 호 용 지 사 삼 자 즉 지
所以修身 知所以修身則知所以治人 知所以治人則知所以治
소 이 수 신 지 소 이 수 신 즉 지 소 이 치 인 지 소 이 치 인 즉 지 소 이 치
天下國家矣
천 하 국 가 의

지식을 갖고자 하면 먼저 자연과 사람을 살펴서 그 이치를 알려고 노력하고, 만일 모르는 것이 있으면 묻는 것을 주저하지 않아야 한다. 아무리 어진 마음을 가지고 있더라도 실제로 베풀지 않으면 무의미하므로 힘써 실천하도록 하여야 한다. 만일 실천하는데 잘못되지는 않을까? 하여 머뭇거리거나 남이 어떻게 평가할까? 하는 두려움에 미적거리는 때도 있는데, 용기를 갖고 과감히 추진하는 것이 필요할 때도 있다.

지知, 인仁, 용勇, 세 가지 달덕은 모든 일을 하는데 반드시 가져야 하는 덕목이고, 이를 알게 되면 자신을 수양하는 방법을 알게 되고, 그리하면 사람을 다스리는 방법과 나라를 다스리는 방법을 알 수 있다.

무릇 온 세상이나 나라와 집안을 다스리는데, 아홉 가지 중요한 것이 있으며, 그것은 자신을 닦는 것(수신修身), 어질고 지혜로운 사람을 존경하는 것(존현尊賢), 친척들과 친하게 지내는 것(친친親親), 대신을 공경하는 것(경대신敬大臣), 관리들과 한마음이 되는 것(체군신體群臣), 서민을 자식같이 사랑하는 것(자서민子庶民), 기술자를 오게 하는 것(내백공來百工), 멀리 있는 사람들을 끌어들이는 것(유원인柔遠人), 제후를 품어주는 것(회제후懷諸侯)입니다.

자신을 닦으면 나라 안의 모든 곳에 도道가 제대로 서고, 어질고 지혜로운 사람을 존중하면 의심이 없어지고, 친척들과 잘 지내면 아저씨와 형제들이 원망하지 아니하고, 대신을 공경하면 혼란한 것이 없어지고, 관리들과 한마음이 되면 정중히 예禮로써 보답을 받고, 서민을 자식같이 사랑하면 백성들이 부지런해지고, 기술자를 오게 하면 재물과 사용하는 것이 넉넉해지고, 멀리 있는 사람들을 끌어들이면 사방에서 사람들이 모여들고, 제후를 품어주면 제후들이 받들어 모시니 온 세상이 두려워합니다.

凡爲天下國家有九經 曰 修身也 尊賢也 親親也 敬大臣也
범 위 천 하 국 가 유 구 경 왈 수 신 야 존 현 야 친 친 야 경 대 신 야

體群臣也 子庶民也 來百工也 柔遠人也 懷諸侯也 修身則道
체 군 신 야 자 서 민 야 내 백 공 야 유 원 인 야 회 제 후 야 수 신 즉 도

立 尊賢則不惑 親親則諸父昆弟 不怨 敬大臣則不眩 體群臣
립 존현즉불혹 친친즉제부곤제 불원 경대신즉불현 체군신

則士之報禮重 子庶民則百姓 勤 來百工則財用 足 柔遠人則
즉사지보례중 자서민즉백성 권 내백공즉재용 족 유원인즉

四方 歸之 懷諸侯則天下 畏之
사 방 귀 지 회 제 후 즉 천 하 외 지

경經 그물의 코를 꿰어 오므렸다 폈다 하는 줄. 일을 효율적으로 할 수 있
　　게 하는 것으로 중요한 것. 이런 의미에서 중요한 책, 또는 중요한 도덕
　　규칙, 법칙, 방법 등을 의미함.

신분身分과 계급階級 태어날 때부터 가지는 지위를 신분이라 하고, 상하가
　　있는 조직에서 권한과 책임의 경중에 따라 구분한 것을 계급이라 함. 사
　　람을 천자天子(왕 또는 임금), 제후諸侯, 대신大臣, 사士, 서민庶民으로 나누
　　고, 천자나 제후는 왕의 친척이 되어야 할 수 있고, 제후와 대신은 왕족
　　이나 공이 있는 신하들이 될 수 있으며, 하급 관리인 사士는 서민에서 그
　　능력에 따라 될 수 있으며, 대부분 백성은 서민庶民임.

　　사람과의 관계는 기본적으로 다섯 유형이 있지만, 임금으로서
나라를 다스릴 때는 각 분야의 사람을 다 이끌어야 하므로 여러
분야의 사람을 각각에 맞게 대하여야 한다. 임금 자신, 현인, 친
척, 대신, 관리, 서민, 기술자, 이웃 나라 주민, 제후가 그들이다.
이들은 이해관계가 다를 뿐만 아니라 임금에게 바라는 것도 다르

고, 그들로부터 임금이 받거나 얻을 수 있는 것도 다르다.

먼저 임금이 바르고 고르게 나라를 다스리면, 중용의 도가 널리 행하여져 나라 사람 모두가 임금을 본받아 바르고 자기 맡은 일에 온 힘을 다하여 할 것이다. 그러므로 무엇보다도 임금 자신이 수양하여 훌륭한 인품을 가져야 한다. 임금이 정책을 결정하고 시행할 때, 능력에 한계가 있으므로 남의 도움을 받아야 한다. 이때 도움을 줄 수 있는 사람은 지혜가 많고 인품이 훌륭한 사람, 현인賢人이며, 현인의 의견을 들어 일하면 의심이나 의혹이 없어진다. 가족 간에 갈등이 쉽게 일어나듯이 친척 간에도 불만이 일어나기 쉽다. 왕실 친척 간에 불화가 있으면 나쁜 소문이 나라 안에 퍼져서 사회의 불안 요소가 될 수 있다. 적은 외부에 있는 것이 아니라 내부에 있다. 친척들과 잘 지내면 원망이 없고 나쁜 소문이 생기지 않는다. 친척에 못지않게 중요한 사람이 나라의 주요 정책을 결정하는 대신들이다. 대신은 나라에 공이 있거나 공이 있는 사람의 후손이다. 그러므로 상당한 세력을 가질 수도 있다. 이들을 존중해주면 다른 마음을 품거나 모략을 꾸미는 일이 없어져 나라가 혼란해지지 않는다. 대신 밑에 그의 명령을 받아 서민들과 직접 접촉하여 세금을 거두거나 부역을 시키는 관리가 있다. 그들을 다독거려 주면 부정, 부패가 없어지고 임금의 덕이 백성들에게 미치도록 한다.

나라를 구성하는 대부분 사람은 서민이다. 서민은 나라의 기초이며, 이들이 부지런히 일하여야 나라가 부유해진다. 서민을 자식같이 사랑하면 부지런히 일할 것이다. 농기구와 생활용품을 만드는 기술자가 몰려들면 그런 물품이 풍부해진다. 농사를 짓는 데는 많은 인력이 필요하고, 군사력은 일단 병사 수가 많아야 한다. 살기 좋은 곳이고, 가면 제대로 대접받고 살 수 있다고 소문나면 이웃 나라에서도 살려고 몰려올 것이다. 지금은 국가 간 이동이 엄격하게 통제되고 있지만, 춘추시대에는 모두가 한족이므로 여러 나라를 자유롭게 왔다 갔다 하였다. 사람이 많아지고 물산이 풍부해지니 나라가 강하게 된다.

제후는 봉토로 받은 지역에서 독자적으로 지역을 다스리고 군사력을 가질 수 있다. 주나라 초기에는 제후들은 모두 인적 관계가 있어 화목하게 잘 지냈지만, 춘추시대에는 서로 많은 영토를 가지려고 분쟁과 전쟁이 빈번히 일어났다. 동맹을 맺은 제후가 많으면 감히 그 나라를 넘보지 못한다. 그러므로 많은 제후를 자기 편으로 만들어야 한다.

몸과 마음을 가다듬어 밝게 하고 단정한 옷으로 차려입으며, 예禮에 맞지 않으면 하지 않는 것이 자신을 닦는 방법입니다. 아부하는 것을 없애고 여색을 멀리하며, 재화를 천하게 여기고, 덕을 귀하게 여기는 것이 어진 사람을 더욱 어질어지게 하는 방법이고, 자리를 존중하고, 녹봉을 넉넉히 주고, 싫어하거나 좋아하는 것을 함께하는 것이 친척들과 잘 지내는 방법이고, 담당하고 있는 관청이 번성하도록 하고 적당한 임무를 주는 것이 대신을 부지런히 일하게 하는 방법이고, 믿음을 확실하게 주고 녹봉을 넉넉하게 주는 것이 관리들이 부지런히 일하게 하는 방법이고, 때에 맞추어 나랏일을 시키고 세금을 가볍게 하는 것이 백성을 부지런하게 하는 방법이고, 날마다 성과를 확인하고, 월마다 검사하여 성과에 따라 녹봉을 주는 것이 기술자를 부지런히 일하게 하는 방법이고, 올 때는 반가이 맞이하고, 갈 때는 잘 보내며, 잘하는 사람은 칭찬하고 기뻐하며, 잘하지 못하는 사람이 있어도 꾸짖지 아니하고 안타깝게 여기는 것이 멀리 있는 사람들을 끌어들이는 방법이고, 끊어진 대를 이어주고, 망하는 나라를 세워주고, 변란을 다스리고, 위험한 일이 일어나지 않도록 그 원인을 붙잡아주고, 때에 따라 사절을 오게 하여, 올 때는 조금 가져오게 하고, 갈 때는 후하게 주어 보내는 것이 제후를 품는 방법입니다. 무릇 온 세상이나 나라와 집안을 다스리는데 아홉 가지 중요한 것이 있으며, 그것을 행하는 방법은 하나일 뿐입니다.

齊明盛服 非禮不動 所以修身也 去讒遠色 賤貨而貴德 所
제 명 성 복 비 례 부 동 소 이 수 신 야 거 참 원 색 천 화 이 귀 덕 소

以勸賢也 尊其位 重其祿 同其好惡 所以勸親親也 官盛任使
이 권 현 야 존 기 위 중 기 록 동 기 호 오 소 이 권 친 친 야 관 성 임 사

所以勸大臣也 忠信重祿 所以勸士也 時使薄斂 所以勸百姓也
소 이 권 대 신 야 충 신 중 록 소 이 권 사 야 시 사 박 렴 소 이 권 백 성 야

日省月試 旣稟稱事 所以勸百工也 送往迎來 嘉善而矜不能
일 성 월 시 희 름 칭 사 소 이 권 백 공 야 송 왕 영 래 가 선 이 긍 불 능

所以柔遠人也 繼絶世 擧廢國 治亂持危 朝聘以時 厚往而薄
소 이 유 원 인 야 계 절 세 거 폐 국 치 란 지 위 조 빙 이 시 후 왕 이 박

來 所以懷諸侯也 凡爲天下國家有九經 所以行之者 一也
래 소 이 회 제 후 야 법 위 천 하 국 가 유 구 경 소 이 행 지 자 일 야

희름旣稟 곡간의 쌀을 의미하여 경제적 보상을 의미함.

조빙朝聘 조朝는 신하가 조정에 나아가 임금을 알현하는 것이고, 빙聘은 직
　　접 찾아가거나 사절을 보내 임금에게 안부를 묻는 것. 천자를 가까이 보
　　좌하는 신하는 아침마다 천자를 알현하고, 멀리 떨어진 제후는 때때로
　　직접 가거나 대신을 보내 천자의 안부를 물음.

　다양한 여러 사람을 품는 방법은, 그 첫째가 임금 자신이 바르
게 행동하는 것이며, 항상 마음과 몸을 바르고 깨끗하게 하고, 옷
을 단정히 차려입고, 예의에 맞지 않으면 보지도, 듣지도 말도 행
동도 하지 않아야 한다. 이것이 바로 수신이다. 현인을 품는 것은
현인이 바라는 것, 즉 중용의 도를 높이 받들고 실천하는 것이므

로 임금이 항상 몸소 행하는 것이다. 친척과 긴밀히 지내려면 그들의 지위나 경제적 이익을 보장해주고 공감을 쌓아야 하고, 대신은 담당하고 있는 관청에 적합한 일거리를 주어 관청이 번창하도록 하여주고, 관리에게는 믿음을 확실히 주고, 넉넉하게 살 수 있도록 봉급을 주고, 서민에게는 세금 부담을 줄여주고, 각종 부역은 농번기를 피하여 시키고, 전문가는 그들이 한 일에 따라 경제적 혜택을 주고, 이웃 나라에서 오더라도 차별하지 않고 함께 살도록 하여주고, 제후는 그 나라를 계속 다스릴 수 있도록 하고, 유대 관계를 지속시키기 위하여 때에 따라 사신이 오가게 하고 경제적 혜택을 주는 것이다.

사람에 따라 대하는 것은 다르지만, 기본적인 것은 이해하여 공감을 가지는 것, 그 권리나 이익을 보장하여 주는 것, 경제적 혜택을 누릴 수 있도록 하여 주는 것, 어려울 때는 적극적으로 도와주는 것 등이다. 이것은 지금 살아가는 우리에게도 그대로 적용된다고 하겠다.

이것들을 진심을 갖고 성실하게 하여야 그 효과가 있지, 겉으로만 할 경우 그 의도에 의심을 받게 된다. 즉 성誠이다.

무릇 모든 일을 할 때, 미리 챙겨보면 일이 바로 세워져 제대로 되고, 그러하지 아니하면 제대로 되지 않습니다. 말하기 전에 미리 정하면 탈이 없고, 일하기 전에 미리 정하면 어려움이 없고, 행동하기 전에 미리 정하면 흠이 없고, 도道를 행하기 전에 미리 정하면 궁지에 빠지지 않습니다.

凡事 豫則立 不豫則廢 言前定則不跲 事前定則不困 行前
범사 예즉립 불예즉폐 언전정즉불겁 사전정즉불곤 행전
定則不疚 道前定則不窮
정즉불구 도전정즉불궁

겁跲 넘어지다, 헛디디는 것을 뜻함. 여기서는 잘못, 탈을 의미함.
구疚 오래된 병. 여기서는 큰 흠이나 고질적인 잘못을 의미함.

성誠하려면, 먼저 하려고 하는 일을 미리 깊이 살펴보아 예상하지 못할 사건이 발생할 가능성은 없는지, 발생하면 어떤 대책이 있는지, 그렇게 하면 처음 생각한 대로 일의 추진이 가능한지를 따져보아야 한다. 미래를 예측하는 것은 대단히 어렵다. 예상되는 경우를 설정하고, 각 경우에 따른 할 일을 미리 마련해 놓으면, 일이 진행되는 과정에 예상되는 문제가 발생하여도 당황하지 않고 대책을 추진해 나갈 수 있다. 일뿐만 아니라 말과 행동도 같다고 하겠다.

아래에 있을 때, 윗사람의 신임을 얻지 못하면 민심을 얻어 백성을 다스릴 수 없고, 윗사람의 신임을 얻는 데에 도가 있으니, 친구로부터 믿음을 얻지 못하면 윗사람의 신임을 얻을 수 없고, 친구로부터 믿음을 얻는 데 도가 있으니, 어버이를 잘 따르지 아니하면 친구로부터 믿음을 얻을 수 없고, 어버이를 따르는데 도가 있으니, 자신을 되돌아보아 성실하지 아니하면 어버이를 따를 수 없고, 자신을 성실하게 하는데 도가 있으니, 좋고 옳은 것을 명확히 알지 못하면 자신을 성실하게할 수 없습니다.

在下位 不獲乎上 民不可得而治矣 獲乎上 有道 不信乎朋
재 하 위 불 획 호 상 민 불 가 득 이 치 의 획 호 상 유 도 불 신 호 붕

友 不獲乎上矣 信乎朋友 有道 不順乎親 不信乎朋友矣 順乎
우 불 획 호 상 의 신 호 붕 우 유 도 불 순 호 친 불 신 호 붕 우 의 순 호

親 有道 反諸身不誠 不順乎親矣 誠身 有道 不明乎善 不誠乎
친 유 도 반 저 신 불 성 불 순 호 친 의 성 신 유 도 불 명 호 선 불 성 호

身矣
신 의

불명호선不明乎善 여기서 명明은 밝다는 의미보다는 명확하게 안다는 의미
   로 쓰임. 유가에서는 모든 일을 할 때, 지식과 지혜를 가져야 한다고 하
   고, 배움(학學)과 가르침(교敎)을 중시함.

사람과의 관계에 있어서 가장 중요한 것은, 마음을 얻는 것과 신뢰를 쌓는 것이다. 그것은 바로 자신의 인격을 수양하는 데서 확보할 수 있다. 인격을 수양한 정도는 부모에게 얼마나 따르고 순종하는 것으로 짐작할 수 있으며, 성실하지 않고 지혜가 없다면 그렇게 할 수 없다. 지식과 지혜를 가지는 것은 행동을 잘하게 하는 기초가 되므로, 항상 새로운 지식과 지혜를 쌓도록 하여야 한다.

성誠은 하늘의 도道이고, 성誠하려고 하는 것은 사람의 도道입니다. 성誠이라는 것은 힘쓰지 아니하여도 알맞게 되고, 생각하지 않아도 이치를 터득할 수 있고, 그대로 받아들여도 도道에 꼭 맞게 되는 것이니, 오직 성인聖人만 할 수 있습니다. 성誠하려고 노력하는 것은 좋고, 옳다고 생각되는 것을 꽉 잡아 마음에 새겨 그대로 행하는 것입니다.

誠者 天之道也 誠之者 人之道也 誠者 不勉而中 不思而得
성자 천지도야 성지자 인지도야 성자 불면이중 불사이득

從容中道 聖人也 誠之者 擇善而固執之者也
종용중도 성인야 성지자 택선이고집지자야

성자誠者 성誠, 그 자체는 신이나 성인만이 할 수 있는 것으로, 자기 뜻대로 하여도 모든 것이 합당함. 사람으로서는 오직 성인聖人만이 그렇게 할 수 있고, 비록 군자라도 이 경지에는 이르지 못하다고 봄.

성지자誠之者 저절로 성誠해지는 것이 아니라 노력하여 조금이라도 성誠의 경지에 가까이 가려고 하는 것. 사람으로서는 성인으로 존경받는 사람이 아니면, 성자의 경지가 아닌 성지자의 경지에 이름.

하늘은 해와 달과 별들을 거느리고 있지만, 이들은 조금도 어

굿남이 없이 움직이고 사계절도 어김없이 번갈아 오고 간다. 하늘을 포함한 자연은 자연법칙에서 조금도 어긋나지 않고 움직이고 변하니 성誠, 그 자체이다. 사람은 자연을 본받아 성誠하려고 노력하는 존재지만, 하여야 하는 것을 제때 하지 못하는 때가 있으며, 가능한 자기가 하여야 하는 일은 하나도 빠뜨리지 않으려고 노력하여야 한다. 즉 항상 성誠하려고 노력하여야 한다.

성 자체인 자연에는 모든 것이 때에 따라 이루어지고 있으므로 사람이 볼 때는 아무것도 하지 않은 것 같은데, 만물이 제대로 자라고 잘 어울려 살아간다. 성인은 모든 사람을 품고 어울려 함께 살아가도록 하므로 위대한 자연과 같다. 보통 사람은 성인과 같이 모든 것을 알고, 모든 것을 할 수 없으니, 옳고 좋은 것을 선택하여 그것이 이루어지도록 하는 것, 성誠하려고 노력하는 수밖에 없는 존재이다. 옳고 좋다고 생각되는 것을 선택하여 실현되도록 하는데, 잘못이 없도록 하려면 충분한 지식과 지혜를 갖추어야 한다.

넓게 배우고, 자세히 묻고, 신중히 생각하고, 명확하게 분별하고, 도탑게 행하여야 합니다. 배우지 아니하면 모르겠는데, 배운다면 잘하지 않으면 그만두지 아니하여야 하고, 묻지 아니하면 모르겠는데, 묻는다면 잘 알지 못하면 그만두지 아니하여야 하고, 생각하지 아니하면 모르겠는데, 생각한다면 터득하지 아니하면 그만두지 아니하여야 하고, 분별하지 아니하면 모르겠는데, 분별한다면 명확하지 아니하면 그만두지 아니하여야 하고, 행하지 아니하면 모르겠는데, 행한다면 도탑게 하지 아니하면 그만두지 않아야 합니다.

博學之 審問之 愼思之 明辨之 篤行之 有弗學 學之 弗能
박 학 지   심 문 지   신 사 지   명 변 지   독 행 지   유 불 학   학 지   불 능
不措也 有弗問 問之 弗知 弗措也 有弗思 思之 弗得 弗措也
불 조 야   유 불 문   문 지   불 지   불 조 야   유 불 사   사 지   불 득   불 조 야
有弗辨 辨之 弗明 弗措也 有弗行 行之 弗篤 弗措也
유 불 변   변 지   불 명   불 조 야   유 불 행   행 지   불 독   불 조 야

무엇을 하는 것이 좋다고 하여 선택할 때는 조금도 잘못이 없어야 하고, 이것은 명확히 알 때 가능하다. 하려고 하는 것에만 알려고 하는 것이 아니라 관련되는 여러 분야도 알아야 한다. 사람의 일은 상호 관련되어 있으므로 결정할 때 관련된 분야에 대한 점검도 필요하며, 자기가 모를 때는 전문가의 의견을 들어 반

영하여야 한다. 알아가는 과정에 조금이라도 의문이 있으면 묻는 것을 주저하지 아니하고, 의문이 없어질 때까지 묻고 답하기를 이어가야 한다. 나름대로 알았다고 하면 곰곰이 되새겨보고, 그것이 자연법칙과 사람의 도리에 어긋남이 없고, 이루고자 하는 원칙에 부합하는지도 살펴보아야 하고, 결정한 것과 다른 대안을 비교하여 장·단점을 알아서 결정한 것이 여러 면에서 확실히 좋아야 한다. 잘된 결정이라도 제대로 되어야 처음 예상한 결과가 나오지, 그렇지 않으면 낭패를 볼 수 있다.

결정이 이행되는 과정을 세밀히 살피고, 일이 잘 진행되지 않을 때는 결정이 잘못된 것인지, 결정은 제대로 되었으나 제대로 하지 않아서 그렇게 된 것인지를 알아서 결정이 잘못되었다고 판단하면 거침없이 변경하고, 제대로 하지 않아서 그렇다면 제대로 되게끔 일하는 사람들을 다스려야 한다. 이렇게 단계별 점검이 계속 이루어져야 잘못이 없게 된다.

남이 한 번 하여 잘하면 자기는 백 번을 하여야 하고, 남이 열 번 하여 잘하면 자기는 천 번을 하여야 합니다. 그리하여 잘할 수 있게 되면 그 결과로, 비록 어리석은 사람도 반드시 명확하게 알게 되고, 유약한 사람도 반드시 그 의지가 굳세어질 것입니다."

人一能之 己百之 人十能之 己千之 果能此道矣 雖愚 必明
인 일 능 지 기 백 지 인 십 능 지 기 천 지 과 능 차 도 의 수 우 필 명

雖柔 必强
수 유 필 강

사람의 자질에는 차이가 있다. 그러나 그 차이는 노력으로 극복할 수 있다. 남보다 백 번, 천 번을 더 노력한다는 각오로 일을 시작하여 실행하면, 반드시 좋은 방법을 알게 되고 꼭 하여야 하겠다는 굳센 마음을 가지게 된다.

◆◆◆

제21장

명확하게 알면 성誠할 수밖에

성誠하여 밝아지는 것을 성性이라 하고, 명확하게 알아서 성誠하도록 하는 것을 교敎라고 한다. 성誠하면 드러나서 밝아지고, 명확하게 알면 성誠할 수밖에 없다.

自誠明 謂之性 自明誠 謂之敎 誠則明矣 明則誠矣
자 성 명   위 지 성   자 명 성   위 지 교   성 즉 명 의   명 즉 성 의

성誠 자기 성性에 따라 항상 그렇게 하는 것. 사람을 제외한 만물은 항상
   주어진 성에 따라 행동함. 동물도 본성에 따라 행동하지, 조금도 본성에
   벗어난 행동은 하지 않는다고 봄.

명明 밝다는 것을 의미하나, 여기서는 분명하거나 확실히 아는 것을 뜻함.

만물은 조금도 그 성性에 벗어나지 않고, 그 성性에 따라 움직이거나 변함으로 항상 성誠하다. 만물의 성性은 항상 성誠함으로 성性과 성誠은 하나이고 분명하다. 호랑이는 배가 고프면 최선을 다하여 먹잇감을 사냥하여 배를 채운다. 이것은 분명하다. 그러나 사람은 다르다. 사람은 하고 싶은 것이 있고, 하고자 하는 것이 있다. 그것이 태어날 때부터 가진 것도 있고, 자라면서 얻은 것도 있다. 그런데 사람마다 그것이 다르다. 사람의 성性은 사람마다 조금씩 다르고, 또 여러 가지 가운데 골라서 행동할 수 있다. 그러니 사람의 행동은 분명하지 않다. 사람의 행동이 사람의 도리와 일치하면 문제 되지 않는데, 일치하지 않을 때가 있다. 이때는 사람 사이에 갈등과 분쟁이 생긴다.

사람의 도리는 어떤 것이고, 그것에 벗어나게 행동할 때 어떤 잘못이나 어려움이 있게 된다는 것을 알려주거나 깨우치게 하여 사람의 도리를 하도록 하는 것이 가르침(교敎)이다. 반드시 하여야 한다는 것을 명확하게 알게 하여 성誠하도록 하게 하는 것이다. 즉 밝게 알면, 그렇게 하지 않으면 망한다는 것을, 죽는다는 것을 명확하게 알면 하지 말아야 하는 행동을 하지 않을 것이다.

사람이 도리에 벗어난 행동을 하면, 사회가 혼란해져 사람이 살 수 없는 세상이 되고, 사람의 도리에 맞는 행동을 하면, 사람들이 모두 어울려 행복하게 살 수 있다는 것을 정확하고 명백하게 알려주어서, 즉 명확하게 알아 가슴에 새겨 사람의 도리에 맞는 행동을 하도록 하여야 한다. 밝고 분명하게 알면 성실해진다.

◆◆◆

제22장

지성至誠만이 자기의 성性을 다할 수 있고

세상에서 오직 지성至誠만이 자기의 성性을 다할 수 있고, 자기 성性을 다할 수 있어야 다른 사람이 자기 성性을 다하도록 하게 할 수 있고, 다른 사람이 자기 성性을 다하도록 하게 할 수 있어야 모든 것들이 자기 성性에 따라 다할 수 있도록 하게 할 수 있다. 모든 것들이 자기 성性에 따라 다할 수 있도록 하게 하는 것이, 세상의 모든 것들이 서로 사이좋게 잘 자라도록 도울 수 있다. 세상의 모든 것들이 서로 사이좋게 잘 자라도록 도울 수 있다면 하늘과 땅, 즉 자연과 하나 되어 함께 참여할 수 있다.

唯天下至誠 爲能盡其性 能盡其性則能盡人之性 能盡人之
유 천 하 지 성　위 능 진 기 성　능 진 기 성 즉 능 진 인 지 성　능 진 인 지

性則能盡物之性 能盡物之性則可以贊天地之化育 可以贊天
성 즉 능 진 물 지 성　능 진 물 지 성 즉 가 이 찬 천 지 지 화 육　가 이 찬 천

地之化育則可以與天地參矣
지 지 화 육 즉 가 이 여 천 지 참 의

~~~~~~

진盡　다하다는 것, 또는 늘 자기 성에 따라 조금도 어긋나지 않게 하는 것.
　　　최선을 다하는 것으로 해석할 수 있음.
참參　두 가지 이상이 서로 섞인 것을 뜻함. 여기서는 어울려 함께하는 것,
　　　즉 하나가 되는 것을 의미함. 사람과 만물과 자연이 하나가 되는 경지에
　　　이르니 중화의 세상인 것임.

　　자기 성性에 따르는 것이 성誠이요, 어느 때, 어느 곳에서나 잠
시도 자기 성性에 벗어나지 않고 따라 행동하는 것을 지성至誠이
라 하며, 지성을 하는 사람이라야 자기 성을 다하고 다른 사람의
성, 만물의 성을 다하게 할 수 있다. 그러면 자연과 그 속에 있는
만물과 함께 어울려 조화롭게 지낼 수 있다. 이런 경지에 이르면
하늘과 땅, 즉 자연과 사람이 함께한다. 모든 것이 어울려 함께
자라고, 함께 살아가고, 세상이 안정되고 조화롭고 평화롭다.

　　농사를 지으면 성誠의 뜻을 잘 이해할 수 있다. 사람이 작물의
성性을 알고, 그 성에 따라 부지런하게 농사를 지어야 작물을 잘
키워 풍성하게 수확할 수 있다. 고추는 어떤 거름을 좋아하는지

알아서 밭을 갈기 전에 그 거름을 많이 뿌려 밭을 마련하고, 고추는 따뜻한 날씨를 좋아하는 나무이므로 봄이 확실히 오고 난 뒤 심어야 냉해를 피할 수 있고, 시기마다 병충이 다르므로 병충해로부터 보호하기 위하여 제때 적합한 농약을 뿌려주어야 하고 익은 고추는 제때 따서 말려야 한다. 이것 중 하나라도 게을리하거나 시기를 놓치면 큰 수확을 기대할 수 없다. 고추 농사를 제대로 지으려면 고추의 성질을 알아야 하고 성질에 맞게 제때 작업을 하여야 하며, 이런 것을 제때 제대로 하려면 사람이 부지런해야 할 수 있다. 즉 자기 성을 다하고, 고추가 자기 성을 다하도록 하게 해주어야 제대로 농사를 짓는 것이다. 이것은 농사에만 적용되는 것이 아니라 사람이 하는 일, 모두에 적용된다.

제23장

성誠하여야 모든 것을 잘할 수 있다

그 다음은 한 분야, 즉 자기가 하는 일을 잘하는 것이며, 성誠하여
야 하는 일을 잘할 수 있다. 성誠하여야 꼴을 갖출 수 있고, 꼴을 갖춘
뒤에 드러날 수 있고, 드러난 뒤에 빛나고, 빛난 뒤에 움직일 수 있고,
움직일 수 있어야 바꿀 수 있고, 바꿀 수 있어야 다른 것과 잘 어울릴
수 있다. 세상의 지성至誠만이 다른 것과 잘 어울릴 수 있다.

其次 致曲 曲能有誠 誠則形 形則著 著則明 明則動 動則變
기 차 치 곡 곡 능 유 성 성 즉 형 형 즉 저 저 즉 명 명 즉 동 동 즉 변

變則化 唯天下至誠 爲能化
변 즉 화 유 천 하 지 성 위 능 화

곡曲 도道는 사람의 도리로, 사람이면 모두 하여야 하는 것이고, 곡曲은 자

기가 살아가기 위해 하는 일. 직업, 생업 등을 의미함.

형形 꼴을 갖추는 것. 한 분야에 일하여 흉내는 내지만 아직 만든 것이 완벽하지 못한 상태.

저著 드러남. 꼴을 갖추기 시작하여 그 자체만으로는 제대로 만들어져 알려지기 시작하는 단계.

명明 그 자체로는 거의 완벽에 가까울 정도로 만들어져 밝게 드러나 널리 알려지는 단계.

동動 만든 것이 완벽하여 다른 사람의 마음을 움직이게 하는 단계.

변變 아주 훌륭하게 만들어져 사람의 마음을 움직여서 다른 사람의 생각이나 가치를 바꿀 수 있는 단계.

화化 그 자체로 완벽하게 만들어졌을 뿐만 아니라 다른 것과도 잘 어울려 전체로서도 모두가 완벽하게 하는 단계.

사람은 사람의 도리를 알아야 하고, 그것을 몸소 실천하여야 한다. 이것은 그 사람이 무슨 일을 하든, 사람이면 모두가 알아서 하여야 한다. 자연의 이치를 알고 사람의 도리를 알고자 노력하는 것을 배움(학學)이라 하고, 이것은 사람의 이성理性을 활용하는 것으로 사람만이 가지는 것이고, 사람을 사람답게 하는 것이다. 한편 사람은 먹고, 입고, 자고 쉬는 곳을 가져야 하고, 이에 필요한 것을 생산하여야 한다. 이런 것을 생산하는 것은 사람마다 다르므로 곡曲, 즉 부분 또는 하는 일 또는 맡은 일이라 하고, 한 분야의 기술, 기능, 기예를 발휘하는 것을 말한다. 자기가 맡은 일이 무엇이든 잘하려면 역시 성誠하여야 한다.

성誠하면 성취하는 단계가 있다. 솜씨가 빼어나 잘하면 먼저 집안이나 마을에 알려지기 시작하고, 마을에서 소문나면 지역이나 나라에 알려지게 되고, 뛰어나게 훌륭하면 나라 전체 또는 세계에 이름을 날리게 된다. 드러나는 단계는 한 지역에서 알려지는 단계이고, 빛나는 단계는 나라 전체에 이름이 알려지는 단계이고, 움직일 수 있는 단계는 그 분야에 가장 우뚝 서는, 즉 모든 사람이 감동하는 단계, 세계가 알아주는 단계이다.

바꿀 수 있는 단계는 지금까지 내려온 것보다 한 수준 높은 경지에 이른 것을 할 수 있는 단계, 즉 새로운 풍조를 만들어내는 단계이다. 이 단계에 이르면 그 분야뿐만 아니라 다른 분야와도 잘 어울려 사람에게 큰 감흥을 준다.

올림픽에서 체조선수나 피겨스케이팅 선수들이 연기하는 것을 보면, 사람으로서 어떻게 저런 연기를 할 수 있을까? 하는 의문이 들 정도로 사람을 감동하게 한다. 겸재 정선의 산수화나 고흐와 피카소의 그림을 보면, 그림의 주제와 기법을 새롭게 만들어 내었어도 이전 그림보다 더 큰 감흥을 준다. 이것이 바로 바꿀 수 있는 단계이며, 이렇게 되어야 다른 분야의 작품과도 어울린다. 추사 김정희의 세한도歲寒圖는 시詩, 서書, 화畵가 함께 어울린 작품이고, 피카소의 도예 작품은 도자기의 영구성에 그림이 함께 하여 영원히 빛날 것이다.

◆◆◆

제24장

미리 알 수 있다

지성至誠의 도道는 미리 알 수 있다. 나라나 집안이 장래 흥하려고 하면 반드시 상스러운 조짐이 나타나고, 나라나 집안이 장래 망하려고 하여도 반드시 좋지 않은 이상한 조짐이 일어나며, 이런 조짐은 점치는 시초나 거북껍질에도 나타나고 온몸에도 그런 움직임이 있다.

至誠之道 可以前知 國家將興 必有禎祥 國家將亡 必有妖
지 성 지 도 가 이 전 지 국 가 장 흥 필 유 정 상 국 가 장 망 필 유 요

孼 見乎蓍龜 動乎四體
얼 현 호 시 귀 동 호 사 체

시귀蓍龜 점치는 댓가지나 거북껍질.

사람은 미래에 닥칠 일을 미리 알고자 한다. 미리 안다는 것은 많은 이점이 있다. 하루 앞서 다음날의 일기를 안다면 냉해나 풍수해를 미리 막을 수 있고, 증권시장에서 주가를 미리 알 수 있으면 큰돈을 벌 수 있다. 증권시장의 경우, 몇 분 전이라도 주가를 정확하게 안다면 오래 지나지 않아서 큰돈을 거둬들일 수 있을 것이다. 미리 안다는 것은 그 이점이 막대하므로 사람은 여러 방법으로 미래를 예측하려고 한다.

일기예보의 정확도를 높이기 위해 무척 노력해 왔고, 그 결과 스포츠 중계를 하다가 비가 오면 경기를 잠깐 중단하였다가 다시 할 것인지, 아니면 경기를 그만둘 것인지를 결정할 수 있다. 정책을 결정하는데도 각종 지표가 활용되고 있다. 흔히 경기 지표를 제시하고 경기가 좋아질 것인지, 아니면 어려울 것인지 예측하여 그에 맞는 정책을 시행한다. 사람들이 관심을 가지는 지표가 물가인상률이다. 그 지표가 체감하는 정도와 차이가 있을 수 있으나 생활하는데 참고하게 된다. 사회가 앞으로 어떻게 변화할지를 미리 알기 위해 각종 지표를 개발하여 활용하고 있다. 출생률과 사망률, 결혼율과 평균 결혼연령, 가구당 자녀 수, 1인 가구 수 증가율 등이 그런 지표인데, 우리나라가 발전하여오면서 서서히 변화해 온 것도 있고, 어떤 시점을 전후로 하여 급격히 변화하는 변곡점이 있는 지표도 있다. 많은 지표를 개발하여 활용하지만, 아직 완벽하게 미래를 예측하지 못하고 있다. 아무리 많은 변수를 고려한 모형을 개발하고, 또 슈퍼컴퓨터를 활용하여 예측하지만 여전히 일기예보가 틀린 경우가 있다. 그러나 몇 년 전에 비하면 정확도가 훨씬 높아졌다.

화복禍福이 장래 오려고 할 때, 좋은 것도 반드시 미리 알 수 있고, 좋지 않는 것도 반드시 미리 알 수 있다. 그러므로 지성至誠은 신神과 같다.

禍福將至 善 必先知之 不善 必先知之 故 至誠 如神
화 복 장 지 선 필 선 지 지 불 선 필 선 지 지 고 지 성 여 신

모든 일에는 징조가 있다. 아무런 기미도 없이 갑자기 나타나는 것도 있지만, 어떤 현상이 일어나기 전에 전조가 있다. 화산 폭발이나 해일은 갑자기 나타나는 재해로 예측하기가 어렵다. 그러나 세상에 미치는 영향이 큰 것은 갑자기 오는 것이 아니라 각종 지표상으로 나타난다. 지표의 변화를 읽고 미리 대책을 세워야 좋은 것은 더욱 좋게 하고, 좋지 않은 것은 미리 대책을 세워 피해를 줄일 수 있다.

인체는 작은 우주라고 한다. 세포가 기관을 이루고, 기관이 오장육부를 이루고, 오장육부가 감각기관과 뇌와 함께 사람이 건강하게 살아가게 한다. 모든 것이 상호작용하고 있다. 건강에 이상이 있으면 그 징조가 미리 몸에 나타난다. 또렷한 것도 있고, 미미하여 세밀하게 관찰하지 않으면 알 수 없는 것도 있다. 그런 기

미가 있으면 정확히 알기 위해 진찰을 받고, 그 결과에 따라 적절한 조치를 하여야 큰 병을 막을 수 있다. 명의는 한 분야를 깊게 연구하고 경험이 많아서 미약한 징조도 빨리 찾아내어 적절한 치료를 할 수 있다.

제25장

성誠이라는 것은 스스로 이루는 것이고

성誠이라는 것은 스스로 이루는 것이고, 도道라는 것은 도道 그 자체이다. 성誠이라는 것은 만물의 처음이자 끝이므로 성誠하지 아니하면 아무것도 있을 수 없다. 이러함으로 군자는 성誠을 귀하게 여긴다.

誠者 自成也 而道 自道也 誠者 物之終始 不誠 無物 是故
성자 자성야 이도 자도야 성자 물지종시 불성 무물 시고

君子 誠之爲貴
군자 성지위귀

자연에는 해와 달, 별들이 하늘에 떠있고, 만물은 땅 위에서 자라고 있다. 이 모든 것들은 자연의 법칙에 따라 움직이거나 자라고, 조금도 자연의 법칙에 어긋나지 않는다. 어느 때, 어느 곳이

나 자연의 법칙이 있고, 만물은 어느 때, 어느 곳에나 있는 자연법칙에 따라 한다. 어느 것 하나 자연의 법칙에 벗어나지 않고 따르니 성誠하다고 하겠다.

아무리 자연법칙이 있다고 하더라도 만물이 없으면 그 법칙은 무의미하다. 자연법칙이 있어서 만물이 있게 되고, 만물이 있으므로 자연법칙은 존재 이유와 가치가 있다. 만물은 그 성性에 따라 끊임없이 움직이거나 변하므로 여러 가지를 만들 수 있고, 그 양도 무한하다. 끊임없이 움직이거나 변하지 않으면 아무것도 있을 수 없다.

그런데 사람은?

성誠이라는 것은 스스로 자기만 이루는 것(성기成己)일 뿐 아니라, 모든 것이 만들어지도록 하는 것(성물成物)이다. 자기를 이루는 것은 어진 것(인仁)이고, 모든 것이 만들어지도록 하는 것은 아는 것(지知)이다.

誠者 非自成己而已也 所以成物也 成己 仁也 成物 知也
성 자 비 자 성 기 이 이 야 소 이 성 물 야 성 기 인 야 성 물 지 야

성誠 만물은 하늘이 내려준 성性을 갖고 자연법칙에 조금도 어긋나지 않게 움직이거나 변하니 성誠, 그 자체이다. 사람은 그렇지 않다. 성誠하면 자기 본성을 그대로 나타내는 것이니, 도道에 꼭 맞아 인仁하다고 하겠고, 성誠이 다른 것에 미치어 제대로 되게 할 때는 그것의 성性을 알아서 성性에 따라 하도록 하여야 함으로 지혜롭다고 하겠다.

자연과 성인은 자기만 이루는 것이 아니라 만물이나 모든 사람이 제자리에 있고 제 역할을 다하게 한다. 성인은 자연이 모든 것을 품듯이 모든 사람을 품고, 자연이 모든 것이 자라게 하듯이 모든 사람이 사람답게 살도록 한다. 성인은 모든 것을 알고, 모든 것을 할 수 있으면서, 모든 사람을 품고 베풀어 주고 사랑하니 바로 인仁 그 자체이고, 사람은 그 성性에 따라 잘살게 하는 방법을 아니, 바로 지知, 그 자체이다. 신과 같이 전지전능하다.

성性의 덕德은 안과 밖, 즉 자신과 세상의 도道를 두루 합치는 것
이라고 할 수 있다. 그러므로 언제든지 사용하여도 마땅하다.

性之德也 合內外之道也 故 時措之宜也
성 지 덕 야 합 내 외 지 도 야 고 시 조 지 의 야

사람은 자기 성性이 있고, 다른 사람의 성, 만물의 성이 있음을
알아서 자기 성, 다른 사람의 성, 만물의 성이 다 함께 이루어지도
록 할 수 있다. 즉 자기의 도와 다른 것의 도를 모두 함께 이루도
록 할 수 있다. 나무를 심으면 나무에 대하여 알아야 하고, 나무
가 잘 자라도록 자기가 노력하여 부지런히 가꾸어야 한다. 이것
이 자기의 도리와 나무의 자연법칙이 하나 되는 것이며, 나무가
무성하게 자라면 그것을 보는 자신도 뿌듯한 만족감을 가질 것이
다.

◆◆◆

제26장

쉬지 아니하니(불식不息)

그러므로 지성至誠은 그침이 없는 것(무식無息)이고, 쉬지 아니하니(불식不息) 오래가고(구久), 오래가니 효험이 나타나고(징徵), 효험이 나타나니 아득하게 멀리 가고(유원悠遠), 아득하게 멀리 가니 넓고 두터워지며(박후博厚), 넓고 두터우니 높게 빛나게 된다(고명高明). 넓고 두터운 것은 모든 것을 실을 수 있고, 높고 빛나는 것은 모든 것을 덮을 수 있고, 아득하고 오래가는 것은 만물을 이루는 방법이다. 넓고 두터운 것은 땅과 짝을 이루고, 높고 빛나는 것은 하늘과 짝을 이루며, 아득하고 오래가는 것은 한없이 많게 한다. 이와 같은 도道는 나타나지 아니하여도 드러나고, 움직이지 아니하여도 변하게 하고, 하는 것이 없어도 모든 것이 다 이루어진다.

故 至誠 無息 不息則久 久則徵 徵則悠遠 悠遠則博厚 博厚
고 지성 무식 불식즉구 구즉징 징즉유원 유원즉박후 박후

則高明 博厚 所以載物也 高明 所以覆物也 悠久 所以成物也
즉고명 박후 소이재물야 고명 소이부물야 유구 소이성물야

博厚 配地 高明 配天 悠久 無疆 如此者 不見而章 不動而變
박후 배지 고명 배천 유구 무강 여차자 불현이장 부동이변

無爲而成
무위이성

성경 창세기에는 우리가 사는 세상이 어떻게 있게 되었는지를 설명한다. 먼저 빛이 있게 되고, 하늘과 땅과 바다가 있게 되고, 그 속에 각종 초목과 동물들이 나서 자라게 되며, 사람은 만물 중에 가장 늦게 있게 되었다. 이 모든 것을 있게 하신 하느님은 이 위대한 일을 하시고 만족하시며 휴식을 취하셨다. 이것은 기독교의 세계관이다.

유가에서는 우리가 사는 세상은 한시도 쉬지 않고 유구한 세월 동안 꾸준히 하여 모든 것이 있게 되었다고 한다. 모든 것이 쉬지 않고 자연법칙에 따라 움직이거나 변하여 하늘이 되고, 땅이 되고, 산이 되고, 큰 강과 바다가 되었고, 그 속에 만물이 살게 되었다고 한다. 그 결과가 현재의 자연이 되었다. 자연은 늘 그대로 있으며 그 속에 만물이 있게 하였으니, 그 덕은 빛나고 항상 조화로우며, 억지로 하지 않아도 모든 것은 이루어지고 있다. 우리가 사는 세상, 자연은 얼마나 위대한가!

자연의 도道를 한마디로 말하면, 자기의 성性을 다하는 것이다. 모든 것을 만드는데, 둘이 아닌 하나의 도道가 있을 뿐이고, 이것은 모든 것이 그 양을 셀 수 없을 정도로 많게 만들어지도록 하는 것이다. 자연의 도道는 넓고, 두텁고, 높고, 밝고, 아득하고, 오래가는 것이다.

天地之道 可一言而盡也 其爲物 不貳 則其生物 不測 天地
천 지 지 도   가 일 언 이 진 야   기 위 물   불 이   즉 기 생 물   불 측   천 지
之道 博也厚也高也明也悠也久也
지 도   박 야 후 야 고 야 명 야 유 야 구 야

자연법칙自然法則 자연법칙은 어느 때, 어느 장소나 똑같다. 때나 장소에 따라 다르지 않으니, 때와 장소를 전혀 배려하지 않는다. 그러므로 하나의 법칙만 있다고 하겠다. 만일 재료가 무한히 제공되면, 그 생산량은 무한하게 된다.

자연의 법칙을 한마디로 하면, 자기 성性을 다하는 것이다. 만물이 되는 것은 두 가지 법칙이 아니라 오직 하나의 법칙, 즉 성性에 따라 꾸준히 하는 것, 바로 성誠이다. 이렇게 하니 만물이 헤아릴 수 없을 정도로 많이 있게 되었다. 우리가 사는 세상은 두텁고, 높고, 밝고, 영원하다.

지금의 하늘은 빛나는 작은 빛들이 여럿 모인 것이나, 한없이 되어서는 해와 달과 별들을 매달아 거느릴 수 있고 만물을 덮을 수 있다. 지금의 땅은 한·줌의 흙이 많이 모인 것이나, 넓게 두텁게 되어서는 큰 산들을 싣고도 무거워하지 아니하고, 큰 강과 바다를 거두어도 새지 아니하며 만물을 실을 수 있다. 지금의 산은 한 주먹의 돌들이 여럿 모인 것이나, 넓고 크게 되어서는 온갖 초목들이 자라고 동물들이 살며, 온갖 보물이 묻혀 있어 발굴될 수 있다. 지금의 물은 한잔의 물이 여럿 모인 것이나, 헤아리기 어려울 정도가 되어서는 자라, 악어, 교룡, 물고기, 거북이들이 자라고 값진 물건들이 생겨난다.

今夫天 斯昭昭之多 及其無窮也 日月星辰 繫焉 萬物覆焉
금부천 사소소지다 금기무궁야 일월성신 계언 만물부언

今夫地 一撮土之多 及其廣厚 載華嶽而不重 振河海而不洩
금부지 일촬토지다 금기광후 재화악이부중 진하해이불설

萬物 載焉 今夫山 一卷石之多 及其廣大 草木 生之 禽獸 居
만물 재언 금부산 일권석지다 금기광대 초목 생지 금수 거

之 寶藏 興焉 今夫水 一勺之多 及其不測 黿鼉蛟龍魚鼈 生焉
지 보장 흥언 금부수 일작지다 금기불측 원타교룡어별 생언

貨財 殖焉
화재 식언

천문학이 발달하고 멀리 볼 수 있는 천체망원경이 개발되어 우리가 보는 세상은 점점 넓어지고 있다. 우리가 사는 지구가 세

상의 중심이고, 모든 것은 지구를 중심으로 움직인다고 하였던 것이 지구는 태양의 한 행성에 불과하고, 태양은 우리은하의 약 6,000억 개 별 중의 하나이고, 우리은하는 2조개나 되는 은하의 하나일 뿐이라는 것으로 바뀌었다. 이 상상할 수 없이 큰 우주는 138억 년 전 대폭발, 즉 빅뱅으로부터 생겨났다고 한다. 얼마나 크고 웅대한 우주인가! 사람의 존재는 있다고도 할 수 없는 존재이다. 공간적인 측면에서는 그렇다고 하겠으나, 사람은 우주를 보고 그 생성 원인을 찾고 운동 법칙을 찾으려고 한다.

얼마나 위대한가!

우리가 이 광활한 우주 공간에 있지만, 실제로 우리 일상생활에 영향을 미치는 것은 지구와 해와 달이다. 유가에서는 이런 것들과 만물이 제 할 일을 제대로 하여 조화롭게 사는 것, 사람과 자연이 어울려 하나 되는 것을 가장 바람직한 세상이라고 보았다.

시경에서 읊었다. "오직 하늘의 명命! 깊고 그윽한 것이 그침이 없네!" 이는 하늘이 하늘인 까닭을 노래하는 것이다. "아! 어찌 드러나지 않겠는가! 문왕의 덕의 순수함이여!"라고 말한다. 이는 "문왕文王의 시호諡號가 문文인 까닭은 역시 순수한 것이 그침이 없기 때문이다." 는 것을 말하는 것이다.

詩云 維天之命 於穆不已 蓋曰 天之所以爲天也 於乎不顯
시운 유천지명 오목불이 개왈 천지소이위천야 오호불현

文王之德之純 蓋曰 文王之所以爲文也 純亦不已
문왕지덕지순 개왈 문왕지소이위문야 순역불이

세상은 얼마나 광활하고 위대한가! 간혹 구름 사이로 햇빛이 땅으로 쏟아질 때나, 거대한 폭포가 아래로 쏟아지는 것을 볼 때, 자연의 위대함을 느낀다. 모든 인류 문명은 자연의 위대함을 노래한다. 또한 훌륭한 임금을 자연의 위대함에 견주어 칭송한다. 주나라를 세우고 나라를 잘 다스린 문왕을 위대한 자연과 비교되는 성군으로 칭송하였다.

우리나라에는 누가 성군으로 칭송받는가?

제5편

성聖과 성誠의 의미

성誠, 그 자체는 성인聖人의 도道이고, 성誠하고자 하는 것은 사람의 도이나, 사람이 지극하게 성誠하면, 성인의 경지에 이르고 자연과 만물과 어울릴 수 있다.

◆◆◆

제27장

성인聖人의 도道!

～～～～～～～～～～～～～～～～～～～～～～～

　　매우 크고 훌륭하지 아니한가! 성인聖人의 도道! 두루 있고 넉넉하여 만물을 기르고 우뚝 솟아 하늘에 이르는구나! 정말 넉넉하고 매우 크구나! 중요한 큰 예禮가 3백 가지나 되고, 작고 세세한 예禮는 3천 가지나 되며, 훌륭한 분을 기다렸다 행하여질 것이다.

　　大哉 聖人之道 洋洋乎發育萬物 峻極于天 優優大哉 禮儀
　　대 재　성 인 지 도　양 양 호 발 육 만 물　준 극 우 천　우 우 대 재　예 의

三百 威儀三千 待其人而後行
삼 백　위 의 삼 천　대 기 인 이 후 행

～～～～～～～～～～～～～～～～～～～～～～～

예의禮儀　나라나 사람이 지켜야 할 기본적인 큰 규범, 즉 헌법이나 법률.

위의威儀　예의를 지키기 위하여 상세하게 정한 규범. 대통령령이나 시행

령 또는 시행규칙.

　공자와 같은 성인은 중용의 도를 행하여, 비록 임금 자리에 올라 나라를 다스리지 않아도 위대한 자연과 같이 모든 것을 잘 자라게 하고, 그 혜택이 사람뿐만 아니라 만물에 미치고, 그 은덕이 하늘까지 미친다. 성인은 사람이 지켜야 할 근본 도리를 알려줄 뿐만 아니라 그 근본 도리를 실천할 수 있도록 세밀한 것까지 만들어 전해주어, 성인과 같은 훌륭한 사람이 후세에 나타나야 그것들을 제대로 이해하고 따라 할 수 있다.
　문왕과 공자 중 누가 더 훌륭한가?

그래서 이런 말이 있다. "진실로 지덕至德하지 않으면, 지도至道라도 엉기어 생기는 것이 없다." 그러므로 군자는 높은 도道인 덕德과 성性을 높이 받들지만 물음으로 힘껏 배워야 하고, 넓고 큰 것을 이루지만 세밀하고 작은 것에도 온 힘을 다하여야 하고, 높고 밝은 데까지 이르지만 사람에게 알맞은 중용을 잘 행하여야 하고, 옛것을 익혀 명확히 알아야 하지만 새로운 것도 알아야 하고, 넉넉하고 두텁게 베풀지만 베풀 때 예禮를 숭상하여야 한다.

故 曰 苟不至德 至道不凝焉 故 君子 尊德性而道問學 致廣
고 왈 구 불 지 덕   지 도 불 응 언   고   군 자   존 덕 성 이 도 문 학   치 광

大而盡精徵 極高明而道中庸 溫故而知新 敦厚以崇禮
대 이 진 정 미   극 고 명 이 도 중 용   온 고 이 지 신   돈 후 이 숭 례

불응不凝 액체 속에서 엉기기 시작하여 유형의 물체가 생기는 것을 응凝이라 하고, 이런 일이 일어나지 아니하는 것을 불응, 즉 만들어지지 않음을 의미함. 자연에는 재료가 있고, 반응 법칙에 따라 작용하게 하면 생산되지만, 사람 사는 세상에서는 사람의 도리가 없으면, 비록 이루어졌다고 하여도 의미가 없으므로 이루어졌다고 할 수 없을 것이다.

문학問學 유가사상에서는 배우는 것을 중시하였으며, 배우는 방법으로는 여러 사람에게 물어서 그 지식이나 의견을 알고, 그 지식이나 의견들을 꼼꼼히 되새겨보아 어떤 합당한 결론에 도달하여 새로운 지식을 쌓아가

는 방법. 일종의 경험론적 학문 연구 방법임.

　자연에는 자연법칙이 엄격히 적용된다. 하나도 그 예외는 없다. 모두 평등하다고 하겠다. 사람 사는 세상에 평등만 강조하는 것이 좋은가? 어려운 사람, 못난 사람, 외로운 사람, 몸이 불편한 사람, 마음이 텅 빈 사람, 이런 사람을 보통 사람과 똑같이 대하는 것이 옳은가? 아니면 배려하는 것이 좋은가? 어떤 것이 사람다운 세상을 만드는가? 자연에는 자연법칙이 예외 없이 적용될지라도 사람 사는 세상에는 배려가 있어야 한다.
　이것이 바로 사람의 도리이고, 윤리이고, 인륜이고, 인도이고, 도인 것이다.

　사람이 하는 모든 행위에는 맞는 덕이 있어야 하며, 그 덕이 없으면 아무리 지극한 도라도 의미가 없다. 원칙적으로 도를 행하되 사람 사는 세상에 적용할 때는 필요한 것을 그때, 그 장소를 고려하여 반영하여야 한다. 자연과 사람의 기본 원칙을 알아 행하는 것은 덕德과 성性을 높이 받드는 것, 넓고 큰 것을 이루는 것, 높고 밝아 가치가 높은 것을 추구하는 것이고, 사람에게 적용할 때, 상황을 반영하는 것은 사람에게 의견을 물어보아 그 뜻을 고려하는 것, 낮은 곳에 있는 잘 보이지 않는 사람을 널리 보여질 수

있도록 하는 것, 무조건 옛날 것을 고집하는 것이 아니라 그것을
바탕으로 하여 과학기술과 사회의 변화를 반영할 수 있도록 새로
운 것도 활용하는 것이다.

　사람과 처한 상황을 반영하여 두텁고 후하게 대하지만 그렇다
고 원칙, 즉 예의가 없어서는 아니 된다. 그래서 중용의 도는 행
하기 어렵다.

이러함으로 위에 있어도 교만하지 않고, 아래 있어도 배반하지 않는다. 나라에 도道가 있으면, 그의 말은 널리 받아들여지기 충분하고, 나라에 도가 없으면, 말하지 아니하여도 충분히 받아들여질 것이다. 시경에서 "매우 밝고, 똑똑하시네! 그 몸을 보호하시네!"라고 하였다. 이것은 바로 이를 두고 하는 말이다.

是故 居上不驕 爲下不倍 國有道 其言 足以興 國無道 其默
시고 거상불교 위하불배 국유도 기언 족이흥 국무도 기묵

足以容 詩曰 旣明且哲 以保其身 其此之謂與
족이용 시왈 기명차철 이보기신 기차지위여

성인은 훌륭한 중용의 도를 항상 행하지만, 반드시 적합한 자리를 맡아 나라를 다스리는 기회를 가지는 것은 아니다. 나라가 바르고 옳게 되어 성인의 좋은 말씀이 그대로 시행되면 나라가 부강하게 되지만, 오히려 바르고 옳은 말을 한다고 목숨까지 위태롭게 될 수 있다. 이때는 아무런 말을 하지 않고 목숨을 부지하는 것을 사람들은 이해하고 받아들인다.

소크라테스와 예수는 자신의 주장을 지키려고 죽음을 마다하지 않았고, 백이와 숙제는 수양산에 들어가 고사리만 먹고 살았

고, 고려 말 이색과 길재는 은둔하여 후학을 길렀다. 목숨을 지키기 위해 침묵하거나 은둔하여 인재를 양성하는 것도 후일을 기대하는 하나의 방법일 것이다.

제28장

그 자리에 맞는 덕德을

공자께서 말씀하시었다. "어리석으면서 자기 생각이나 방법이 쓰이기를 좋아하고, 신분이 낮으면서 자기 마음대로 하려고 하고, 지금 세상에 살면서 옛날의 도道로 돌아가려고 하는 사람에게는 재앙이 그 몸에 미칠 것이다.

子曰 愚而好自用 賤而好自專 生乎今之世 反古之道 如此
자왈 우이호자용 천이호자전 생호금지세 반고지도 여차
者 災及其身者也
자 재급기신자야

각종 토론회나 회의, 동창회, 종친회 등의 모임에 참석하여 보면, 나와서 말하는 사람은 모두가 똑똑하게 보인다. 그러나 잘 살

펴보면, 자기나 자기와 관련 있는 집단의 이익에 집착하여 어긋나고, 타당하지 않지만 끝까지 자기의 주장이 옳다고 하여 고집 부리는 사람을 본다.

"고인 물은 썩는다"라는 것을 주장하고, 댐 건설을 무조건 반대하는 사람도 있고, 앞으로 물 부족이 심각해지니 댐을 건설하여야 한다고 주장하는 사람도 있다. 모두 맞는 말이다. 일부분만 보았을 때 모두 맞는 말이다. 댐을 건설하면 물이 흐르지 않아 고이는 것은 맞고, 그러면 수질이 나빠질 가능성이 있다. 만일 댐 건설에 따른 수질 오염을 방지하기 위하여 상류 지역에서 나오는 오염물질을 줄이거나 정화한다면 수질은 어떻게 변할까? 반대로 소득이 증가하여 늘어난 물 수요를 충분히 공급하여야 하고, 공업단지가 들어서기 위해서는 공업용수는 꼭 확보되어야 한다. 댐 건설에 따른 이점이 훨씬 크므로 지금 댐을 건설하여야 한다고 하는데, 자연을 그대로 두고 그 자연을 활용하는 산업을 일으키면 자손 대대로 좋은 환경에서 살 수 있게 되는 것은 아닌가? 어느 것이 좋은 것인지는 각종 자료를 가지고 판단하여야 할 것이다. 오염에 따라 발생하는 비용을 정확히 계산하여야 하고, 확보되는 물의 가치도 정확히 계산되어야 한다. 이 과정에서 가장 어려운 문제는 환경의 가치를 평가하는 것이다. 어려울 때는 먹고 사는 것이 시급하여 자연 환경의 가치를 낮게 평가하지만, 소득

이 높아지면 높아질수록 환경 가치는 크게 높아진다. 미래는 어떻게 변할까? 물이 부족하다고 무조건 댐을 건설하여야 한다는 것도 옳지 않고, 고인 물은 썩는다고 하며 무조건 댐 건설을 반대하는 것도 바람직하지 않아 보인다. 세상의 일은 여러 분야가 관련되어 있으며 긍정적인 면도 있지만 역시 부정적인 면도 있으니, 정확한 자료를 바탕으로 협의해 나가야 할 것이다.

사람이 중요한가? 그곳에 사는 동식물이 중요한가? 이것도 역시 쉽게 답할 수 없는 질문이다. 생각이 다르니 가치도 다르다.

옛것이 좋다고 고집할 일도 아니고, 최신 기술이라고 무조건 도입할 것도 아니다. 아프리카 오지에는 전기로 돌아가는 자동 세탁기보다는 발로 굴러 회전하는 세탁기가 더 적합하듯이 각 지역의 사정을 고려하여 일을 추진하여야 할 것이다. 우리나라 농촌지역에서 추진되는 정책은 이런 점이 고려되어야 하는데, 그렇지 못하니 아쉽다.

임금이 아니면, 예禮에 대하여 논하여 바꾸지 않아야 하고, 법과 제도를 새로 만들지 않아야 하고, 글자꼴을 정하지 않아야 한다. 지금 세상에는 수레의 바퀴 폭이 같고, 글자꼴이 같으며, 사람의 행동에 같은 윤리가 적용되고 있다. 비록 그 자리에 있지만 참으로 그 자리에 맞는 덕을 가지지 아니하면 예禮와 악樂을 감히 만들지 않아야 하고, 비록 덕은 가지고 있으나 그 자리에 있지 않으면, 역시 예와 악을 감히 만들지 않아야 한다."

非天子 不議禮 不制度 不考文 今天下 車同軌 書同文 行同
비 천 자 불 의 례 불 제 도 불 고 문 금 천 하 거 동 궤 서 동 문 행 동
倫 雖有其位 苟無其德 不敢作禮樂焉 雖有其德 苟無其位 亦
륜 수 유 기 위 구 무 기 덕 불 감 작 예 악 언 수 유 기 덕 구 무 기 위 역
不敢作禮樂焉
불 감 작 예 악 언

예禮 좁게는 행동하는 방식, 즉 예절을 의미하고, 크게는 예절의 근본정신 또는 이념을 의미하며, 이런 때는 도道와 같은 의미.

도度 사람의 행하여야 할 규칙, 즉 법法이나 각종 물건의 규격을 의미함.

문文 좁게는 글자를 뜻하지만, 넓게는 문물제도, 문화를 의미함.

유교는 아랫사람은 윗사람을 섬겨야 한다고 하여 아주 보수적인 것으로 보이는데, 사실은 그렇지 않다. 아랫사람에게 의무를 강조하기 전에 먼저 윗사람이 윗사람으로서 하여야 할 것을 하여야 한다고 하였다. 임금이 바르면 신하들이 바르게 되고, 신하가 바르면 백성들이 바르게 되어 온 나라가 바르게 되니, 되지 않는 일이 없을 것이다. 이것이 이상적인 세상이나 현실은 그렇지 못하다.

역사를 돌아보면, 좋은 임금보다는 나쁜 임금이 더 많았던 것 같다. 지금도 각국의 대통령을 보면, 독재하거나 국민을 현혹하여 정권을 유지하여 나라를 망치는 길로 이끌어가는 통치자가 많이 있다. 임금으로 하여야 할 일을 잘하기 위해서는 인품과 능력이 훌륭하여야 하는데, 그렇지 못한 임금이 많이 있었다. 그 자리에 맞는 덕을 잘할 수 없다면, 이미 있는 제도를 그대로 지키고 새로 만들어서는 안 된다. 나쁜 임금은 나라를 바로잡는다고 하여 새로 제도를 만들지만, 알고 보면 자신의 잘못을 합법화시키는 것이 많이 있다. 개선한다고 하는 것이 개악이 되는 경우가 흔히 있었다.

사람 사는 세상에 사람을 쓰는 근본 원칙은 그 자리에 맞는 사람을 선택하여, 그 자리에서 일하도록 하는 것이다. 자격이 없는 사람이 과분한 자리에 앉아 일하려고 하는 것도 안 되고, 아무리 인품과 능력이 있다고 하더라도 그 자리에 있지 않으면 월권하는 일은 역시 하지 않아야 한다. 어떤 경우든 사람이 따르지 않는다.

공자께서 말씀하시었다. "내가 하夏나라의 예禮에 대하여 말하지만, 하나라의 후손들이 사는 작은 기杞나라로서는 하나라의 예에 관한 증거가 부족하고, 내가 은殷나라의 예에 관하여 배웠으나, 그 예는 은나라의 후신인 작은 송宋나라에 있을 뿐이다. 나는 주周나라의 예를 배우고 있고, 지금 그것이 널리 쓰이고 있으므로 주나라의 예에 따르지 않을 수 없다."

子曰 吾說夏禮 杞不足徵也 吾學殷禮 有宋 存焉 吾學周禮
자왈 오설하례 기부족징야 오학은례 유송 존언 오학주례

今用之 吾從周
금용지 오종주

기杞 하夏나라가 망한 뒤, 그 후손들이 사당을 지어 선조의 위패를 모시고 살아갈 수 있도록 하나라를 멸한 은나라가 세워준 제후국. 하나라 후손들의 저항을 없애기 위하여 세워준 작은 나라.

송宋 은殷나라가 망한 뒤, 그 후손들이 사당을 지어 선조의 위패를 모시고 살 수 있도록 주나라가 세워준 제후국. 은나라 후손들의 저항을 없애기 위하여 나라를 세워줌.

새로 도입된 문물제도가 제대로 시행되기 위해서는 그 효과가 얼마나 되는지, 사람들은 얼마나 그 제도를 제대로 알고 실행할 것인지를 미리 파악하여야 한다. 내용과 효과가 명확한 제도를 선택하여 백성들이 아무런 불평 없이 따르면 그 제도를 계속 시행하고, 만일 그 효과가 의심스럽고 백성들이 받아들이거나 실제로 따르는데 어려움이 있으면 현실에 맞게 고쳐나가야 할 것이고, 무리가 있으면 폐지하여야 한다.

◆◆◆

제29장

임금 노릇을 하는 데 세 가지 중요한 것이

세상을 다스리는 임금 노릇을 하는데, 세 가지 중요한 것이 있다. 의례議禮, 제도制度, 고문考文이며, 이것을 제대로 잘하면 큰 잘못은 없을 것이다.

王天下有三重焉 其寡過矣乎
왕 천 하 유 삼 중 언 기 과 과 의 호

세상을 다스리는 데는 통치 이념과 법률 제정, 각종 규격 제정, 글꼴 통일 등에 의한 문화 진흥, 이 세 가지가 중요하다. 이것만 이라도 제대로 한다면 큰 잘못은 적을 것이다.

옛날의 것은 비록 좋고 훌륭하나 증빙이 없고, 증명이 되지 않으니 믿음이 없고, 믿음이 없으니 사람들이 따르지 않으며, 지금의 것은 비록 좋고 훌륭하나 받들어지지 않고, 받들어지지 않으니 믿음이 없고, 믿음이 없으니 사람들이 따르지 않는다. 그러므로 군자의 도는, 먼저 자신에게 세워서 서민에게 증명하여야 하고, 요堯, 순舜, 우禹 세 임금에게 비추어 보아도 그릇됨이 없어야 하고, 세상에 세워도 서로 어긋나지 않아야 한다. 귀신에게 물어도 의심스러운 점이 없어야 하고, 백세를 기다려 맞이한 성인도 헷갈려 하지 않아야 하며, 귀신에게 물어서 의심스러움이 없다면 하늘을 아는 것이고, 백세를 기다려 맞이한 성인이 헷갈리지 않으면 사람을 아는 것이다.

上焉者 雖善 無徵 無徵 不信 不信 民不從 下焉者 雖善 不
상언자 수선 무징 무징 불신 불신 민부종 하언자 수선 부

尊 不尊 不信 不信 民不從 故 君子之道 本諸身 徵諸庶民 考
존 부존 불신 불신 민부종 고 군자지도 본저신 징저서민 고

諸三王而不繆 建諸天地而不悖 質諸鬼神而無疑 百世以俟聖
저삼왕이불류 건저천지이불패 질저귀신이무의 백세이사성

人而不惑 質諸鬼神而無疑 知天也 百世以俟聖人而不惑 知人
인이불혹 질저귀신이무의 지천야 백세이사성인이불혹 지인

也
야

각종 법률이나 규격을 정하면 백성들이 따라주어야 한다. 그때

가장 중요한 것이 백성의 신뢰이다. 신뢰가 없으면 각종 제도가 제대로 시행되지 않는다. 버티는 소는 끌고 가기가 어렵다. 국가에 대한 신뢰가 높은 국가는 잘 살 뿐만 아니라 사회가 안정되어 있다. 우리 국민은 얼마나 국가나 정부를 신뢰하고 있을까? 얼마나 신뢰가 떨어졌으면, 정부 정책에 반대로 하면 맞다는 말까지 있을까!

　새로운 제도를 만들 때, 그 제도의 내용을 명확히 하고, 그 제도가 시행되는 경우, 그 효과도 간략하지만 분명하게 알 수 있도록 하여야 한다. 그래야 백성이 믿고 따른다. 백성들이 믿게 하는 방법은 먼저 임금 자신부터 하여야 하고, 임금이 직접 하여 본 결과를 서민들에게 보여주고, 옛날의 훌륭한 임금들이 한 제도와 차이는 없는지, 차이가 있다면 그렇게 한 이유가 합당한지, 실제로 잠정적이거나 시험적으로 시행하여도 처음 예상한 효과가 그대로 나타나는지, 새로운 제도가 이미 있는 제도와 서로 충돌하지는 않는지를 검토하여 알려주어야 한다. 큰 토목공사를 해야할 때, 천재지변이 일어나더라도 충분히 견딜 수 있도록 해야 하고, 과학기술발전이 예상보다 빨리 발전하고 있으니, 과학기술의 발전과 그에 따른 사회 변화를 미리 예견하여 새로운 제도를 제정할 때 충분히 고려하여야 한다.

이와 같으므로, 군자가 그 마음에 가진 사상이나 이념을 움직이면 오랫동안 세상의 도가 되고, 행하면 오랫동안 세상의 법이 되고, 말하면 오랫동안 세상의 규칙이 된다. 멀리 있으면 보고 싶고, 가까이 있어도 싫지 않다.

是故 君子 動而世爲天下道 行而世爲天下法 言而世爲天下
시고 군자 동이세위천하도 행이세위천하법 언이세위천하
則 遠之則有望 近之則不厭
칙 원지즉유망 근지즉불염

動동 마음의 움직임을 의미하며, 마음의 근본 가치 또는 이념에 변화가 있는 것을 의미함. 최고 가치를 새롭게 창출하는 것. 헌법의 근본정신 같은 것을 바꾸는 것.

성인과 같은 임금은 현재만 아니라 미래도 생각하고, 백성들이 어느 정도 믿고 따를지도 고려하고, 사람만이 아니라 초목과 동물, 만물을 품고 있는 자연도 함께 고려하여 새롭게 제도를 만드니 오랫동안 모든 분야에 있어서 근본 규범이 된다. 통치 방침이나 헌법과 같은 기본적 규범은 오랫동안 변하지 않는 도道가 되고, 실생활을 규제하는 명령과 각종 기기의 규격은 모두가 본받을만한 법이 되어 오랫동안 그대로 시행될 것이고, 심지어 나오면 금방 사라지는 말까지 본받을만하니 신뢰가 가지 않을 수 있겠는가? 그러니 어찌 존중하지 않고 싫어할 수 있겠는가?

시경에서 "저기 있어도 밉지 않고, 여기 있어도 싫지 않네! 밤낮으로 힘쓰시네, 영원토록 끝까지 명예를 높이시네."라고 읊었다. 군자는 이렇게 하지 아니하고, 일찍이 세상에 영예를 가진 사람은 아직 없다.

詩曰 在彼無惡 在此無射 庶幾夙夜 以永終譽 君子 未有不
시왈 재피무오 재차무역 서기숙야 이영종예 군자 미유불

如此而蚤有譽於天下者也
여차이조유예어천하자야

서기숙야庶幾夙夜　새벽부터 밤까지, 즉 하루 종일 부지런히 일함.

시경에서는 훌륭한 군자가 나타나서 자기들을 이끌어주기를 바라면서 노래하였다. "저기 있어도 싫지 않고, 여기 있어도 밉지 않네!" 친구 가운데 아무도 싫어하지 않고 미워하지 않으면서 오면 항상 반기는 친구가 있다.

얼마나 좋은가? 임금이 되어 온 백성으로부터 이런 칭송을 받는다면 무엇을 더 가지려고 하겠는가? 이런 사람이 되도록 힘써야 할 것이다.

제30장

큰 덕(대덕大德)은 모든 것을 두텁게 하고

중니仲尼(공자)께서는 요임금과 순임금을 근본으로 본받으시고, 문왕과 무왕의 덕을 빛나게 하시며, 위로는 하늘의 때에 따라 하시고, 아래로는 물과 흙과 어울리시니, 마치 자연이 실을 수 없는 것이 없고, 덮어지지 않는 것이 없는 것과 같고, 사계절이 번갈아 오는 것 같고, 해와 달이 번갈아 비춰주는 것 같으시다.

仲尼 祖述堯舜 憲章文武 上律天時 下襲水土 辟如天地之
중니 조술요순 헌장문무 상률천시 하습수토 비여천지지

無不持載 無不覆幬 辟如四時之錯行 如日月之代明
무불지재 무불부도 비여사시지착행 여일월지대명

조술祖述 새로 만드는 것이 아니라 만들어져 있는 것을 으뜸으로 본받아 유지하거나 발전시켜 나가는 것.

律률 이념, 규범이나 법칙, 규칙에 의심이나 의문을 가지지 않고 엄격히 따르는 것.

襲습 옷을 입다는 뜻인데, 다른 사물의 본성을 알거나 이어받아 그에 따르는 것 또는 어울리는 것.

요임금과 순임금은 전설 속의 훌륭한 임금이다. 두 임금은 싫어하는 사람도 내치지 않고, 좋아하는 사람도 너무 가깝게 하지 않아 모든 사람이 두루 어울려 살아가도록 하였다. 요임금은 순임금에게 임금 자리를 물려주면서 "진실로 그 중中을 잡아라!(윤집궐중允執厥中)" 이 한마디만 전하였고, 순임금은 이 말씀을 좀 더 상세하게 하여, 우임금에게 나라를 다스리는 지침으로 주었다. "사람의 마음은 오직 위태롭고, 도를 행하려고 하는 마음은 오직 미약하니, 마음을 깨끗하게 하고 한결같게 하여, 진실로 그 중을 잡아라!(인심유위人心惟危 도심유미道心惟微 유정유일惟精惟一 윤집궐중允執厥中)" 이것은 훌륭한 임금이 가져야 하는 마음의 자세이다.

주나라를 세운 문왕과 무왕은 두 성군의 가르침을 근본으로 하여 각종 문물제도를 만들었고, 그 제도가 훌륭하여 나라가 안정되고 발전하게 되었다.

　공자는 비록 높은 자리에 올라 실제로 나라를 다스리지는 않았지만, 임금 및 제후와 대신들이 나라를 다스릴 때 가져야 하는 마음 자세와 해야 할 행동에 대하여 좋은 말씀을 하여 임금 못지않게 세상에 영향을 미쳤고, 지금도 미치고 있다. 2500년 이상 인류의 스승으로 받들어 모셔지고 있다. 그래서 공자의 업적은 위대한 자연과 같다고 칭송하였다. 이것보다 더한 칭송이 있을 수 있을까? 자연은 만물 중 품어주지 않은 것이 없고, 사계절이 번갈아 와서 만물이 자라게 하고, 해와 달이 번갈아 세상을 밝히는 것과 같이 공자의 덕은 자연과 같이 지극하다고 하겠다. 위대하다!

만물은 함께 자라지만 서로 해치지 아니하고, 도道가 함께 행하여지나 서로 어긋나지 않는다. 작은 덕(소덕小德)은 냇물이 흐르는 것 같고, 큰 덕(대덕大德)은 모든 것을 두텁게 하고 어울리도록 한다(돈화敦化). 이것이 자연이 크고 큰 이유이다.

萬物並育而不相害 道並行而不相悖 小德 川流 大德 敦化
만 물 병 육 이 불 상 해 도 병 행 이 불 상 패 소 덕 천 류 대 덕 돈 화

此天地之所以爲大也
차 천 지 지 소 이 위 대 야

해害 이롭지 못하거나 손상하는 것을 뜻하며, 여기서는 서로 해코지하는 것을 의미함.

패悖 서로 어그러지는 것을 뜻하며, 여기서는 조화롭게 지내지 못함을 의미함.

자연은 만물이 함께 살아가게 하지만 서로 해치지 않고 어울려 살아가게 하고, 자연의 법칙이 동시에 이루어지지만 서로 어긋나지 않고 모두 이루어지게 한다. 세부적으로 보면, 호랑이가 사슴을 잡아먹고 계곡물이 부딪혀 서로의 길을 방해하는 것 같지만, 대자연은 균형을 유지할 수 있도록 하는 것이다. 이런 면에서 자연은 위대하고 전능하다.

제31장

사람들이 기뻐하지 않을 수 없다

세상에서 지성至聖만이 똑똑하고 뛰어난 지혜를 가지고 있어(총명예지聰明叡智), 충분히 윗자리에 올라 다스릴 수 있고, 나라를 다스릴 때는 인仁, 의義, 예禮, 지知, 4덕德으로 한다. 너그럽고, 넉넉하고, 따뜻하고, 부드러워서(관유온유寬裕溫柔：인仁), 충분히 모든 것을 포용할 수 있고, 단단하고, 꿋꿋하고, 의젓하니(발강강의發强剛毅：의義), 충분히 권력을 잡을 만하고, 몸과 마음을 가지런히 하고, 하는 행동이 씩씩하고, 생각이 치우치지 아니하고 바르니(재장중정齋莊中正：예禮), 충분히 존경받을 만하고, 생각하는 것이 논리적이고, 세밀하게 살피니(문리밀찰文理密察：지知), 충분히 사리를 분별할 수 있다.

唯天下至聖 爲能聰明睿知 足以有臨也 寬裕溫柔 足以有容
유 천 하 지 성 위 능 총 명 예 지 족 이 유 림 야 관 유 온 유 족 이 유 용

也 發強剛毅 足以有執也 齋莊中正 足以有敬也 文理密察 足
야 발 강 강 의 족 이 유 집 야 재 장 중 정 족 이 유 경 야 문 리 밀 찰 족

以有別也
이 유 별 야

───────────────────────────────

림臨 직무나 임무를 맡거나 나라를 맡아 다스리는 것을 의미함. 위대한 분
    이 윗자리에 앉아 그 조직을 다스리는 것을 뜻함.

용容 마음이 한량없이 넓어 모든 것을 받아들이고 품음.

집執 권력을 잡아 다스림.

오직 지성至聖에 이른 분이라야 총명하고 예지가 있어서 임금
자리에 앉아 나라를 다스릴 수 있다. 사람이 무슨 일을 하든 먼저
가져야 하는 것이 지혜와 지식이다.

지혜는 사람을 아는 것이고, 지식은 자연을 아는 것이다.

임금은 자연의 이치를 알아야 할 뿐 아니라, 사람의 본성과 사
람의 도리를 같이 알아야 자연을 사람이 살기에 적합하게 바꿀
수 있고, 사람들이 사이좋게 살아가도록 하게 할 수 있다. 이런
훌륭한 임금이어야 모든 백성을 품고, 할 것과 하지 않아야 할 것
을 분명히 하여 백성들이 따르도록 하고, 바르고 반듯하니 백성

들로부터 존경을 받게 되고, 사리에 밝으니 잘못되는 일이 있을
수 없다.

　이것이 임금이 따라야 하는 인人, 의義, 예禮, 지知, 네 가지 덕
목의 기본이다.

지성至聖에 이른 성인聖人의 덕은, 크고 넓고 깊고 깊어서 때에 맞게 나타난다. 크고 넓고 두텁기가 하늘과 같고, 깊고 깊기가 큰 연못과 같다. 나타나면 사람들이 받들지 아니할 수 없고, 말을 하면 사람들이 믿지 아니할 수 없고, 행하면 사람들이 기뻐하지 아니할 수 없다.

溥博淵泉 而時出之 溥博 如天 淵泉 如淵 見而民莫不敬
부 박 연 천　이 시 출 지　부 박　여 천　연 천　여 연　현 이 민 막 불 경

言而民莫不信 行而民莫不說
언 이 민 막 불 신　행 이 민 막 불 열

이런 훌륭한 분은 그 인격과 재능이 높고, 넓고, 깊어서 적합한 시기에 나오셔서 세상이나 나라를 잘 다스리고 이끌어간다. 공자와 같이 임금의 자리에 오르지 못할지라도, 그 가르침은 영원히 빛날 것이고, 그 명예는 길이길이 이어질 것이다. 이런 성인이 나타나면 어찌 존경하지 않을 수가 있겠는가? 이런 분의 말씀이면 어찌 믿지 않을 수가 있겠는가? 이런 분이 하시는 일, 어찌 기뻐하지 않을 수 있겠는가? 하늘을 우러러보듯이 지성에 이른 분을 우러러볼 것이다.

이리하여 그 이름을 부르는 소리가 온 나라에 넘쳐나고 오랑캐가 사는 곳까지 미친다. 배나 수레가 갈 수 있는 곳, 사람이 다다를 수 있는 곳, 하늘이 덮을 수 있는 곳, 땅이 받칠 수 있는 곳, 해와 달이 비추는 곳, 이슬과 서리가 내리는 곳, 이런 모든 곳에 있는 피가 끓고 힘찬 사람이라면, 지성至聖을 가지신 분을 존경하고 친하지 않을 수가 있겠는가! 그래서 "하늘과 짝한다"라고 말하는 것이다.

是以 聲名 洋溢乎中國 施及蠻貊 舟車所至 人力所通 天之
시이 성명 양일호중국 이급만맥 주거소지 인력소통 천지

所覆 地之所載 日月所照 霜露所隊 凡有血氣者莫不尊親 故
소부 지지소재 일월소조 상로소추 범유혈기자막불존친 고

曰 配天
왈 배천

성군이 나라를 다스릴 때, 온 나라 사람들이 그 덕을 칭송하였다. 그 칭송하는 소리가 그 나라에 그칠 뿐만 아니라 사방팔방으로 울려 퍼져 온 세상에 알려졌다. 그러므로 생각이 있고 제대로 된 사람이라면, 어찌 그런 분을 존경하지 않고 싫어하겠는가? 이런 분은 하늘과 같다고 하겠다.

"중용"에서는 우리 사는 세상을 본 대로 서술하였다. 수레가 갈 수 있는 곳, 사람이 다다를 수 있는 곳, 하늘이 덮을 수 있는 곳, 땅이 실을 수 있는 곳, 해와 달이 비추는 곳, 이슬과 서리가 내리는 곳. 사람이면 우리가 사는 세상이 어떤지를 알 수 있게 설명하였고, 그 속에는 자연법칙이 항상 작용하고 있다고 주장하며, 사람 사는 세상에는 중용의 도가 행하여질 것을 희망하였다.

◆◆◆

제32장

성誠이 아닌 것에 의지하겠는가?

오직 세상의 지성至誠에 이른 분만이 세상을 다스리는데 필요한 효율적 방법을 잘할 수 있고, 세상에 가장 큰 근본을 세울 수 있고, 세상의 만물들이 사이좋게 자라게 하는 방법을 알 수 있으니, 어찌 지성至誠에 이른 분이 아닌, 다른 사람에 의지하겠는가?

唯天下至誠 爲能經綸天下之大經 立天下之大本 知天地之
유 천 하 지 성　위 능 경 륜 천 하 지 대 경　입 천 하 지 대 본　지 천 지 지

化育 夫焉有所倚
화 육　부 언 유 소 의

대경大經 가장 크고 훌륭한 방법, 법칙, 규범 등 사람을 다스릴 때 적용하
　　　　는 효율적인 방법.

대본大本 자연법칙에 따른 큰일. 대규모 사업을 의미함.

　서민도 공자와 요임금과 순임금과 같이 성인도 될 수 있지만, 지극히 어렵고 자기 성性을 다하면 지성至誠에 이를 수 있다. 지성에 이른 분은 사람을 다스리는데 중요한 효율적인 방법을 알아 사람을 잘 다스리고, 자연을 활용하는 원칙과 방법도 알아 길이나 저수지를 적합한 곳에 적절한 규모로 만들 수 있다. 이렇게 하면, 자연과 그 속에 살아가는 만물과 사람도 자연과 어울려 풍요롭고 평안하고 화목하게 살아갈 수 있을 것이다.

　이런 훌륭한 분을 믿고 따르면 되지, 다른 사상이나 종교에 의지할 필요가 있겠는가?

지극히 성실한 것이 그 인仁이고, 깊고 깊은 것이 그 연못이고, 넓고 넓은 것이 그 하늘이다. 참으로 똑똑하고 지혜로워 모든 것을 알 수 있어서 하늘의 덕德에 도달한 사람이 아니면, 누가 그것을 알겠는가!

肫肫其仁 淵淵其淵 浩浩其天 苟不固聰明聖知達天德者
순 순 기 인　연 연 기 연　호 호 기 천　구 불 고 총 명 성 지 달 천 덕 자

其孰能知之
기 숙 능 지 지

순순肫肫　정성스러운 모양이나 자세.

연연淵淵　큰 연못과 같이 깊고 깊음을 뜻함.

호호浩浩　하늘과 같이 크고 넓음을 의미함.

지성至誠에 이른 분도 성인 못지않게 자기의 마음을 갈고 닦았고, 잘하는 것을 찾아 성실하게 발전시켜서 인격도 훌륭하고 재능도 뛰어나니, 사람들로부터 존경받지 않을 수 없다. 이런 분은 마음이 어질고 어질다! 생각이 깊고도 깊구나! 가슴이 넓기도 넓구나!라고 칭찬하지 않을 수 없다. 지혜롭고 하늘같이 큰 덕을 베풀 수 있는 사람이 아니면 그렇게 될 수 없다.

제6편

이상세계

지성至誠이면 모든 것을 이룰 수 있고, 가만히 있어도 존경 받고, 말하지 않아도 신뢰하며, 그 마음은 평안을 얻는다. 자신은 행복해지고 세상은 평화로워진다.

◆◆◆

제33장

비교할 것이 없이, 지극하다

시경에 말하였다. "비단옷을 입고 거친 홑옷을 걸쳤네!" 이것은 비단옷의 무늬가 드러나는 것을 싫어한다는 것을 뜻한다. 그러므로 군자의 도道는 어두워 보이나 나날이 밝아지고, 소인의 도道는 뚜렷한 것 같지만 나날이 사그라진다. 군자의 도는 깨끗하고 담담하지만 싫지 않고, 단순하지만 무늬가 드러나고, 따뜻하지만 사리에 맞으며, 먼 곳은 가까운 곳에서 시작하는 것을, 바람은 불어오는 곳이 있다는 것을, 미세한 것이 뚜렷해진다는 것을 알 수 있으므로 함께 덕의 경지에 들어갈 수 있다.

詩曰 衣錦尙絅 惡其文之著也 故 君子之道 闇然而日章 小
시왈 의금상경 오기문지저야 고 군자지도 암연이일장 소
人之道 的然而日亡 君子之道 淡而不厭 簡而文 溫而理 知遠
인지도 적연이일망 군자지도 담이불염 간이문 온이리 지원

之近 知風之自 知微之顯 可與入德矣
지근 지풍지자 지미지현 가여입덕의

비싸고 좋은 옷이 아니고 깨끗하고 단정한 옷을 입은 사람 중에도 감히 얕잡아 볼 수 없는 사람이 있다. 겉치레보다 내면에 있는 인격이 두드러진다고 하겠다. 중용을 잘 행하는 훌륭한 분은 바로 이런 분이 아니겠는가? 이런 분과 함께 있으면 저절로 겸손해지고, 존경하게 되고, 믿고 따르게 된다.

군자는 호들갑을 떨지 않지만, 덕을 베풀어주는 것을 느낄 수 있고, 소인들은 친하게 지내는 척하며 좋은 말을 하지만, 왠지 그런 입에 발린 말을 듣고 싶지 않다. 군자가 하는 말은 꾸밈이 없지만, 진정과 진실이 배어있는 것 같아 믿음이 가며, 또 자연의 이치와 중용의 도를 알아서 행동함으로 함께 경이롭고 평화로운 덕의 경지에 들어갈 수 있는 것 같다.

시경에서 읊었다. "물에 잠겨 밑에 가라앉아 있네, 그래도 매우 밝게 빛나네!" 그러므로 군자는 마음에 되새겨 보아도 허물이 없고, 뜻에도 부끄러움이 없다. 군자가 미치지 못하는 곳은, 오직 사람이 볼 수 없는 곳뿐일 것이다.

詩云 潛雖伏矣 亦孔之昭 故 君子 內省不疚 無惡於志 君子
시 운 잠 수 복 의 역 공 지 소 고 군 자 내 성 불 구 무 오 어 지 군 자
之所不可及者 其唯人之所不見乎
지 소 불 가 급 자 기 유 인 지 소 불 견 호

아무리 세상을 등지고 살아도, 훌륭한 사람은 세상에 알려지고 따르는 사람이 많다. 세상이 자기를 알아주기를 바라기보다, 늘 자신을 되돌아보고 잘못이 없도록 하고, 남을 싫어하거나 원망하는 마음을 갖지 않도록 자신의 인격을 닦으면, 자연히 그 이름이 세상에 알려지게 된다. 그러면 그의 말과 행동은 세상에 두루 미치게 되며, 사람들은 있는 곳이면 어느 때, 어느 장소에나 영향을 미친다.

시경에서 말하였다. "그대가 방에 있는 것을 보네, 가장 어두운 방 귀퉁이에도 부끄러움이 없기를 바라네!" 그러므로 군자는 움직이지 아니하여도 존경받고, 말하지 아니하여도 신뢰를 받는다. 시경에 "장엄한 음악이 연주되니, 모두 말이 없네, 이때는 다투는 일도 없지!"라고 말했다. 이러함으로 군자는 상을 주지 아니하여도 사람들이 부지런해지고, 성내지 아니하여도 사람들이 시퍼런 도끼보다 더 두려워한다.

詩云 相在爾室 尚不愧于屋漏 故 君子 不動而敬 不言而信
시운 상재이실 상불괴우옥루 고 군자 부동이경 불언이신
詩曰 奏假無言 時靡有爭 是故 君子 不賞而民勸 不怒而民威
시왈 주격무언 시미유쟁 시고 군자 불상이민권 불노이민위
於鈇鉞
어 부 월

상相 서로 또는 보다 등을 뜻함. 여기서는 보다 뜻으로 쓰임.

상尚 오히려, 바라다, 숭상하다 등을 뜻하나, 여기서는 바라다는 의미로 쓰임.

옥루屋漏 조상의 신위를 모신 방의 서북쪽 구석. 집안에서 가장 외진 곳.

자연의 법칙과 중용의 도는 어느 곳, 어느 때나 있으므로 항상

살펴서 그것을 알아 그대로 말과 행동으로 옮겨야 한다. 항상 중용의 도를 찾아 실천하는 생활을 지속하다 보면 긴장된 생활에서 벗어나고 싶고, 특히 혼자 있을 때 편히 쉬고 싶은 마음도 있을 것이다. 그때 쉬는 것도 도리에 맞게 하여야지, 그렇게 하지 않으면 나쁜 습관이 몸에 배이게 된다.

훌륭한 사람은 항상 바른길을 걸으니 사람들이 믿고, 따르고, 존경한다. 그러니 비록 말을 하지 않아도 믿으려고 하고, 하는 행동이 없어도 한 것처럼 느끼고 기뻐하고 즐거워한다. 이것은 얼마나 높은 경지인가! 훌륭한 임금은 아무 말 없이 임금 자리에 앉아만 있어도 대신들이 관리를 바르게 지시하고, 관리들은 대신을 본받아 바르게 백성을 이끌고, 백성들도 역시 바르게 살아간다. 나라가 평안하고 백성들이 넉넉하게 서로 도우며 살아가니, 임금을 칭송하지 않을 수 있겠는가? 이것이 바로 성군의 은덕이 널리 베풀어지는 것이다.

시경에는 "드러나지 않아도 그 덕이 매우 밝네! 모든 제후가 본받네!"라고 하였다. 이러함으로 군자는 오직 공손함을 지극하게 할 뿐인데, 온 세상은 평안하다. 시경에 "밝은 덕을 품으시었네! 성내고 큰소리치지 아니하시네!"라고 하였다. 공자께서 말씀하시었다. "큰소리와 얼굴빛으로 사람을 바꾸려고 하는 것은 가장 나쁜 방책이다."

詩曰 不顯惟德 百辟其刑之 是故 君子 篤恭而天下平 詩云
시왈 불현유덕 백벽기형지 시고 군자 독공이천하평 시운

予懷明德 不大聲以色 子曰 聲色之於以化民 末也
여회명덕 부대성이색 자왈 성색지어이화민 말야

불현유덕不顯惟德   드러나지 않아도 그 덕이 빛나는 것을 의미함.

백벽百辟   비유하다를 뜻하는 비辟를 벽으로 읽으면 제후를 뜻함. 백벽은
　　모든 제후를 의미함.

뛰어난 임금은 덕치를 하겠다고 말하지 않고 신하와 백성들이 스스로 알아서 하도록 하니, 겉으로 드러난 것이 없는 듯 같지만 모든 제후가 본받아 임금의 뜻을 실천하니 온 세상에 덕치가 이루어지고 있다. 이때 임금은 오직 지극히 공손할 뿐인데도 온 세상이 평안하게 된다. 얼마나 지극한 경지인가! 이렇게 나라를 다스리는 임금이라야 성군이라 할 수 있을 것이다.

시경에서 "덕은 가볍기가 털과 같네!"라고 일컫지만, 털은 그래도 무게가 있어 비교될 수 있다. "하늘(상천上天)께서 하시는 일! 소리도 냄새도 없네!"라는 것은 비교할 것이 없는 지극하다는 것을 뜻한다.

詩云 德輶如毛 毛猶有倫 上天之載無聲無臭至矣
시 운 덕 유 여 모 모 유 유 륜 상 천 지 재 무 성 무 취 지 의

상천上天 하늘. 하늘을 최고의 신으로 보고 전지전능, 절대자, 주재자, 최
　　고선 등을 의미함.

자연의 법칙이 어김없이 이루어지듯이 사람의 도리도 온 세상에 두루 널려 퍼져있다. 사람의 도리를 다하여 덕을 베풀면 보이지 않지만 고루고루 그 은덕을 입게 된다. 중용의 도가 온 세상에 행하여 모든 사람이 은덕을 받아 어울려 함께 잘 사는 세상이 중화의 세상이다.

　이런 세상이 오시기를! 성인이 오시기를!

天命之謂性 率性之謂道 修道之謂教 道也
者 不可須臾離也 可離 非道也 是故 君子
戒愼乎其所不睹 恐懼乎其所不聞 莫見乎隱
莫顯乎微 故 君子 愼其獨也 喜怒哀樂之未
發 謂之中 發而皆中節 謂之和 中也者 天下
之大本也 和也者 天下之達道也 致中和 天
地位焉 萬物育焉

仲尼曰 君子 中庸 小人 反中庸 君子之中
庸也 君子而時中 小人之(反)中庸也 小人而
無忌憚也 子曰 中庸 其至矣乎 民鮮能久矣
子曰 道之不行也 我知之矣 知者 過之 愚者
不及也 道之不明也 我知之矣 賢者 過之 不
肖者 不及也 人莫不飮食也 鮮能知味也 子
曰 道其不行矣夫 子曰 舜其大知也與 舜好

問而好察邇言 隱惡而揚善 執其兩端 用其
中於民 其斯以爲舜乎 子曰 人皆曰 予知 驅
而納諸罟擭陷阱之中而莫之知辟也 人皆曰
予知 擇乎中庸而不能期月守也 子曰 回之
爲人也 擇乎中庸 得一善則拳拳服膺而弗失
之矣 子曰 天下國家 可均也 爵祿 可辭也
白刃 可蹈也 中庸 不可能也 子路問强 子曰
南方之强與 北方之强與 抑而强與 寬柔以
教 不報無道 南方之强也 君子居之 衽金革
死而不厭 北方之强也 而强者居之 故 君子
和而不流 强哉矯 中立而不倚 强哉矯 國有
道 不變塞焉 强哉矯 國無道 至死不變 强哉
矯 子曰 索隱行怪 後世有述焉 吾弗爲之矣
君子 遵道而行 半塗而廢 吾弗能已矣 君子
依乎中庸 遯世不見知而不悔 唯聖者 能之

君子之道 費而隱 夫婦之愚 可以與知焉
及其至也 雖聖人 亦有所不知焉 夫婦之不
肖 可以能行焉 及其至也 雖聖人 亦有所不
能焉 天地之大也 人猶有所憾 故 君子 語大
天下莫能載焉 語小 天下莫能破焉 詩云 鳶
飛戾天 魚躍于淵 言其上下察也 君子之道
造端乎夫婦 及其至也 察乎天地 子曰 道不
遠人 人之爲道而遠人 不可以爲道 詩云 伐
柯伐柯 其則不遠 執柯而伐柯 睨而視之 猶
以爲遠 故 君子 以人治人 改而止 忠恕違道
不遠 施諸己而不願 亦勿施於人 君子之道
四 丘未能一焉 所求乎子 以事父 未能也 所
求乎臣 以事君 未能也 所求乎弟 以事兄 未
能也 所求乎朋友 先施之 未能也 庸德之行
庸言之謹 有所不足 不敢不勉 有餘 不敢盡

言顧行 行顧言 君子 胡不慥慥爾 君子 素其
位而行 不願乎其外 素富貴 行乎富貴 素貧
賤 行乎貧賤 素夷狄 行乎夷狄 素患難 行乎
患難 君子 無入而不自得焉 在上位 不陵下
在下位 不援上 正己不求於人 則無怨 上不
怨天 下不尤人 故 君子 居易以俟命 小人
行險以徼幸 子曰 射有似乎君子 失諸正鵠
反求諸其身 君子之道 辟如行遠必自邇 辟
如登高必自卑 詩曰 妻子好合 如鼓瑟琴 兄
弟既翕 和樂且耽 宜爾室家 樂爾妻帑 子曰
父母 其順矣乎 子曰 鬼神之爲德 其盛矣乎
視之而弗見 聽之而弗聞 體物而不可遺 使
天下之人 齊明盛服 以承祭祀 洋洋乎如在
其上 如在其左右 詩曰 神之格思 不可度思
矧可射思 夫微之顯 誠之不可揜 如此夫 子

曰 舜其大孝也與 德爲聖人 尊爲天子 富有

四海之内 宗廟饗之 子孫保之 故 大德 必得

其位 必得其祿 必得其名 必得其壽 故 天之

生物 必因其材而篤焉 故 栽者 培之 傾者覆

之 詩曰 嘉樂君子 憲憲令德 宜民宜人 受祿

于天 保佑命之 自天申之 故 大德者 必受命

子曰 無憂者 其惟文王乎 以王季爲父 以武

王爲子 父作之 子述之 武王 纘大王王季文

王之緖 壹戎衣而有天下 身不失天下之顯名

尊爲天子 富有四海之内 宗廟饗之 子孫保

之 武王 末受命 周公 成文武之德 追王大王

王季 上祀先公以天子之禮 斯禮也達乎諸侯

大夫及士庶人 父爲大夫 子爲士 葬以大夫

祭以士 父爲士 子爲大夫 葬以士 祭以大夫

期之喪 達乎大夫 三年之喪 達乎天子 父母

之喪 無貴賤一也 子曰 武王周公 其達孝矣
乎 夫孝者 善繼人之志 善述人之事者也 春
秋 修其祖廟 陳其宗器 設其裳衣 薦其時食
宗廟之禮 所以序昭穆也 序爵 所以辨貴賤
也 序事 所以辨賢也 旅酬 下爲上 所以逮賤
也 燕毛 所以序齒也 踐其位 行其禮 奏其樂
敬其所尊 愛其所親 事死如事生 事亡如事
存 孝之至也 郊社之禮 所以事上帝也 宗廟
之禮 所以祀乎其先也 明乎郊社之禮 禘嘗
之義 治國 其如示諸掌乎

哀公 問政 子曰 文武之政 布在方策 其人
存則其政擧 其人亡則其政息 人道 敏政 地
道 敏樹 夫政也者 蒲盧也 故 爲政 在人 取
人以身 修身以道 修道以仁 仁者 人也 親親

爲大 義者 宜也 尊賢 爲大 親親之殺 尊賢
之等 禮所生也 故 君子 不可以不修身 思修
身 不可以不事親 思事親 不可以不知人 思
知人 不可以不知天 天下之達道 五 所以行
之者 三 曰 君臣也 父子也 夫婦也 昆弟也
朋友之交也 五者 天下之達道也 知仁勇 三
者 天下之達德也 所以行之者 一也 或生而
知之 或學而知之 或困而知之 及其知之 一
也 或安而行之 或利而行之 或勉强而行之
及其成功 一也 子曰 好學 近乎知 力行 近
乎仁 知恥 近乎勇 知斯三者則知所以修身
知所以修身則知所以治人 知所以治人則知
所以治天下國家矣 凡爲天下國家有九經 曰
修身也 尊賢也 親親也 敬大臣也 體群臣也
子庶民也 來百工也 柔遠人也 懷諸侯也 修

身則道立 尊賢則不惑 親親則諸父昆弟 不
怨 敬大臣則不眩 體群臣則士之報禮重 子
庶民則百姓 勤 來百工則財用 足 柔遠人則
四方 歸之 懷諸侯則天下 畏之 齊明盛服 非
禮不動 所以修身也 去讒遠色 賤貨而貴德
所以勸賢也 尊其位 重其祿 同其好惡 所以
勸親親也 官盛任使 所以勸大臣也 忠信重
祿 所以勸士也 時使薄斂 所以勸百姓也 日
省月試 旣稟稱事 所以勸百工也 送往迎來
嘉善而矜不能 所以柔遠人也 繼絶世 擧廢
國 治亂持危 朝聘以時 厚往而薄來 所以懷
諸侯也 凡爲天下國家有九經 所以行之者
一也 凡事 豫則立 不豫則廢 言前定則不跲
事前定則不困 行前定則不疚 道前定則不窮
在下位 不獲乎上 民不可得而治矣 獲乎上

有道 不信乎朋友 不獲乎上矣 信乎朋友 有
道 不順乎親 不信乎朋友矣 順乎親 有道 反
諸身不誠 不順乎親矣 誠身 有道 不明乎善
不誠乎身矣 誠者 天之道也 誠之者 人之道
也 誠者 不勉而中 不思而得 從容中道 聖人
也 誠之者 擇善而固執之者也 博學之 審問
之 愼思之 明辨之 篤行之 有弗學 學之 弗
能 不措也 有弗問 問之 弗知 弗措也 有弗
思 思之 弗得 弗措也 有弗辨 辨之 弗明 弗
措也 有弗行 行之 弗篤 弗措也 人一能之
己百之 人十能之 己千之 果能此道矣 雖愚
必明 雖柔 必强

自誠明 謂之性 自明誠 謂之敎 誠則明矣
明則誠矣 唯天下至誠 爲能盡其性 能盡其

性則能盡人之性 能盡人之性則能盡物之性
能盡物之性則可以贊天地之化育 可以贊天
地之化育則可以與天地參矣 其次 致曲 曲
能有誠 誠則形 形則著 著則明 明則動 動則
變 變則化 唯天下至誠 爲能化 至誠之道 可
以前知 國家將興 必有禎祥 國家將亡 必有
妖孼 見乎蓍龜 動乎四體 禍福將至 善 必先
知之 不善 必先知之 故 至誠 如神 誠者 自
成也 而道 自道也 誠者 物之終始 不誠 無
物 是故 君子 誠之爲貴 誠者 非自成己而已
也 所以成物也 成己 仁也 成物 知也 性之
德也 合內外之道也 故 時措之宜也 故 至誠
無息 不息則久 久則徵 徵則悠遠 悠遠則博
厚 博厚則高明 博厚 所以載物也 高明 所以
覆物也 悠久 所以成物也 博厚 配地 高明

配天 悠久 無疆 如此者 不見而章 不動而變
無爲而成 天地之道 可一言而盡也 其爲物
不貳 則其生物 不測 天地之道 博也厚也高
也明也悠也久也 今夫天 斯昭昭之多 及其
無窮也 日月星辰 繫焉 萬物覆焉 今夫地 一
撮土之多 及其廣厚 載華嶽而不重 振河海
而不洩 萬物 載焉 今夫山 一卷石之多 及其
廣大 草木 生之 禽獸 居之 寶藏 興焉 今夫
水 一勺之多 及其不測 黿鼉蛟龍魚鼈 生焉
貨財 殖焉 詩云 維天之命 於穆不已 蓋曰
天之所以爲天也 於乎不顯 文王之德之純
蓋曰 文王之所以爲文也 純亦不已

大哉 聖人之道 洋洋乎發育萬物 峻極于天
優優大哉 禮儀三百 威儀三千 待其人而後

行 故 曰 苟不至德 至道不凝焉 故 君子 尊

德性而道問學 致廣大而盡精微 極高明而道

中庸 溫故而知新 敦厚以崇禮 是故 居上不

驕 爲下不倍 國有道 其言 足以興 國無道

其默 足以容 詩曰 旣明且哲 以保其身 其此

之謂與 子曰 愚而好自用 賤而好自專 生乎

今之世 反古之道 如此者 災及其身者也 非

天子 不議禮 不制度 不考文 今天下 車同軌

書同文 行同倫 雖有其位 苟無其德 不敢作

禮樂焉 雖有其德 苟無其位 亦不敢作禮樂

焉 子曰 吾說夏禮 杞不足徵也 吾學殷禮 有

宋 存焉 吾學周禮 今用之 吾從周 王天下有

三重焉 其寡過矣乎 上焉者 雖善 無徵 無徵

不信 不信 民不從 下焉者 雖善 不尊 不尊

不信 不信 民不從 故 君子之道 本諸身 徵

諸庶民 考諸三王而不繆 建諸天地而不悖
質諸鬼神而無疑 百世以俟聖人而不惑 質諸
鬼神而無疑 知天也 百世以俟聖人而不惑
知人也 是故 君子 動而世爲天下道 行而世
爲天下法 言而世爲天下則 遠之則有望 近
之則不厭 詩曰 在彼無惡 在此無射 庶幾夙
夜 以永終譽 君子 未有不如此而蚤有譽於
天下者也 仲尼 祖述堯舜 憲章文武 上律天
時 下襲水土 辟如天地之無不持載 無不覆
幬 辟如四時之錯行 如日月之代明 萬物並
育而不相害 道竝行而不相悖 小德 川流 大
德 敦化 此天地之所以爲大也 唯天下至聖
爲能聰明睿知 足以有臨也 寬裕溫柔 足以
有容也 發强剛毅 足以有執也 齋莊中正 足
以有敬也 文理密察 足以有別也 溥博淵泉

而時出之 溥博 如天 淵泉 如淵 見而民莫不
敬 言而民莫不信 行而民莫不說 是以 聲名
洋溢乎中國 施及蠻貊 舟車所至 人力所通
天之所覆 地之所載 日月所照 霜露所隊 凡
有血氣者莫不尊親 故 曰 配天 唯天下至誠
爲能經綸天下之大經 立天下之大本 知天地
之化育 夫焉有所倚 肫肫其仁 淵淵其淵 浩
浩其天 苟不固聰明聖知達天德者 其孰能
知之

詩曰 衣錦尚絅 惡其文之著也 故 君子之
道 闇然而日章 小人之道 的然而日亡 君子
之道 淡而不厭 簡而文 溫而理 知遠之近 知
風之自 知微之顯 可與入德矣 詩云 潛雖伏
矣 亦孔之昭 故 君子 內省不疚 無惡於志

君子之所不可及者 其唯人之所不見乎 詩云
相在爾室 尚不愧于屋漏 故 君子 不動而敬
不言而信 詩曰 奏假無言 時靡有爭 是故 君
子 不賞而民勸 不怒而民威於鈇鉞 詩曰 不
顯惟德 百辟其刑之 是故 君子 篤恭而天下
平 詩云 予懷明德 不大聲以色 子曰 聲色之
於以化民 末也 詩云 德輶如毛 毛猶有倫 上
天之載無聲無臭至矣 (終)

● 참고문헌

권영호 역주, 《서경》, 학고당, 2019. 1. 7. 초판 2쇄

금장태, 《중용 읽기, 화합의 길》, 전통문화연구회, 2016. 11. 20. 초판

김경호, 《동양적 사유는 어떻게 탄생했는가》, 글항아리, 2012. 11. 26. 초판

김성배 옮김, 《한 권으로 읽는 제자백가》, 천지인, 2012. 4. 10. 초판 1쇄

김용옥, 《중용 인간의 맛》, 통나무, 2011. 10. 3. 1판 2쇄

김학주, 《시경》, 명문당, 2007. 7. 10. 개정증보판

나성, 《보편철학으로서의 유학》, 이학사, 2016. 11. 30. 1판 1쇄

동양고전연구회, 《중용》, 민음사, 2016. 8. 29. 1판 1쇄

배병삼, 《우리에게 유교란 무엇인가?》, 녹색평론사, 2012. 9. 20. 초판 2쇄

백승종, 《중용, 조선을 바꾼 한 권의 책》, 도서출판 사우, 2019. 9. 2. 초판 2쇄

서경요·김유곤, 《조선조 유학자의 중용 읽기》, 도서출판 문사철, 2009. 1. 초판

송인창, 《천명과 유교적 인간학》, 심산출판사, 2011. 5. 1. 초판 1쇄

신정근, 《오십 중용이 필요한 시간》, 21세기북스, 2020. 3. 23. 1판 1쇄

신정근, 《중용, 극단의 시대를 넘어 균형의 시대로》, 사계절, 2011. 12. 15.
    1판 2쇄

이기석·한용우, 《대학 중용》, 홍신문화사, 2007. 7. 2판

이민수 옮김, 《공자가어》, 을유문화사, 2003. 7. 15. 초판 1쇄

이원길 옮김, 《40대에 읽는 공자인문학》, 신원출판사, 2016. 7. 22. 초판 1쇄

이준영, 《중용, 성이란 무엇인가?》, 2014. 5. 20. 초판 1쇄

이한우, 《논어로 중용을 풀다》, 해밀출판사, 2013. 3. 20. 초판 1쇄

임자헌 옮김, 《군자를 버린 논어》, 문학동네, 2016. 8. 25. 초판 3쇄

정희철, 《중용을 알자》, 도서출판 명진, 2017. 4. 1.

최석기, 《중용》, 한길사, 2014. 10. 20. 1판 1쇄

최종엽, 《오십에 읽는 논어》, 유노북스, 2022. 8. 16.

최진석 옮김·미조구치 유조 지음, 《개념과 시대로 읽는 중국사상 명강의》,
    2015. 5. 25. 초판 2쇄

자신 있게 살자!

마음으로 읽는 중용

초판 인쇄　2024년 10월　4일
초판 발행　2024년 10월 10일

편　　저　이종인
발 행 자　김동구
디 자 인　이명숙·양철민
발 행 처　명문당(1923. 10. 1 창립)
주　　소　서울시 종로구 윤보선길 61(안국동)
　　　　　국민은행 006-01-0483-171
전　　화　02)733-3039, 734-4798, 733-4748(영)
팩　　스　02)734-9209
Homepage　www.myungmundang.net
E-mail　mmdbook1@hanmail.net
등　　록　1977. 11. 19. 제1~148호
ISBN 979-11-94314-02-8　(03140)

18,000원